LUIZ FERNANDO CINTRA

O SENTIMENTALISMO

4ª edição

QUADRANTE

São Paulo
2023

Copyright © 1994 Quadrante Editora

Capa
Provazi Design

Dados Internacionais de Catalogação na Publicação (CIP)

Cintra, Luiz Fernando
 O sentimentalismo / Luiz Fernando Cintra — 4ª ed. — São Paulo: Quadrante, 2023.

 ISBN: 978-85-7465-571-0

 1. Emoções 2. Sentimentalismo I. Título

CDD-200.19

Índice para catálogo sistemático:
1. Sentimentalismo : Psicologia religiosa 200.19

Todos os direitos reservados a
QUADRANTE EDITORA
Rua Bernardo da Veiga, 47 - Tel.: 3873-2270
CEP 01252-020 - São Paulo - SP
www.quadrante.com.br / atendimento@quadrante.com.br

SUMÁRIO

INTRODUÇÃO 5

O QUE SÃO OS SENTIMENTOS? 9

CARACTERÍSTICAS DO
   SENTIMENTAL 27

SENTIMENTALISMO NO
   RELACIONAMENTO 53

SENTIMENTALISMO NAS RELAÇÕES
   COM DEUS 65

OS MEIOS PARA DOMINAR
   O SENTIMENTALISMO 87

NOTAS 125

INTRODUÇÃO

A importância de ter sentimentos

Sempre se diz que os povos latinos são sentimentais. Normalmente, as avós são sentimentais. A poesia do romantismo, via de regra, é sentimental.

Mas é bom ou mau ser sentimental? É algum pecado deixar-se guiar pelo sentimento? São perguntas a que só se pode responder fazendo as devidas distinções, porque palavras como «sentimento», «sentimental» ou «sentimentalismo» podem ser interpretadas de inúmeras formas. De qualquer maneira, o que é necessário afirmar desde já é que os sentimentos são um componente importante do ser humano.

Talvez por isso sejam tão abundantes as frases em que o verbo «sentir» tem um papel central. «Sinto muito»; «Estou-me sentindo bem»; «Senti falta de você»; «Sinta-se à vontade»; «Senti muita raiva» e tantas outras.

Entristece e revolta a atitude gélida do *burocrata* que vê nas pessoas apenas um número de protocolo e é capaz de mandar de volta, impiedosamente, por uma ninharia, a velhinha que esteve duas, três, quatro horas esperando na fila.

Dão pena os *insensíveis* que rebaixam o sentimento humano por excelência — o amor — à mera satisfação pessoal. Transformam tudo e todos em espelhos do seu eu ou em brinquedos para a sua diversão.

Sem coração são os *egoístas*, que veem nos outros apenas degraus para a sua ascensão ou para o seu comodismo. Causa dor e compaixão a frase desiludida de um pensador ateu que exprime bem essa frieza do egoísmo: «Não gosto de Deus porque não o conheço, nem do próximo porque o conheço».

Em qualquer desses casos, os sentimentos deixaram de desempenhar o papel fundamental que devem exercer no ser humano. Uma personalidade equilibrada requer o sentimento na dose adequada, tal como o condimento na alimentação, dando o seu «toque» peculiar e saboroso a todo o comportamento.

O tema é vasto e pode ser analisado de muitos ângulos, nas suas implicações no campo das ideias, da filosofia, na sua influência nas diversas formas da cultura, etc. Mas também é possível uma reflexão que se desenvolva em torno do dia-a-dia e ajude a ganhar consciência prática da ação positiva ou negativa que o sentimento pode exercer nas decisões, nas reações e nos objetivos vitais. Neste sentido, a utilidade é evidente, sobretudo se pudermos aprofundar um pouco numa verdade em que ninguém deixa de estar de acordo:

temos de ser homens e mulheres de sentimentos, não homens e mulheres sentimentais. É esta zona fronteiriça, cheia de matizes, que pode ter tanto ou mais interesse do que as elucubrações de caráter histórico, psicológico ou filosófico.

O QUE SÃO OS SENTIMENTOS?

Mas, afinal de contas, o que são os sentimentos? Serão um simples impulso, um estado de ânimo, um mero estímulo nervoso? Quais são as suas raízes e para onde se orientam?

Aristóteles, filósofo do século IV antes de Cristo, forneceu a este propósito uma definição que continua plenamente válida. Adaptando-a à terminologia dos nossos dias, podemos dizer que os sentimentos são movimentos da sensibilidade que nos levam a *aproximar-nos de coisas que consideramos ou imaginamos como um bem,* e a *afastar-nos daquelas que representam um mal.*

Assim, os sentimentos de entusiasmo, esperança, alegria, prazer, ternura, amor, gratidão, referem-se a coisas boas, tanto passadas como presentes ou futuras. Já os sentimentos de tristeza, medo, angústia, solidão, nostalgia, vergonha, ódio, rancor, referem-se a coisas ruins que nos aconteceram ou poderiam acontecer-nos.

Como se vê, os sentimentos são muito variados e não é possível fazer uma lista completa de todos eles. Da mesma forma, não é fácil delinear os seus contornos exatos, devido ao mistério e à maravilha do próprio ser humano. Não somos pura matéria; somos matéria e espírito — corpo e alma — que se unem na realização da vida, e não é possível traçar uma linha divisória exata que separe a alma do corpo, já que é o ser humano quem atua como um todo.

Ora bem, os sentimentos são o *lugar de passagem* entre a vida sensível e a vida do espírito. Estão na conexão entre o material e o imaterial do ser humano. Por isso existem influências do corpo que repercutem no espírito e vice-versa.

O corpo influi na alma: depois de uma noite bem dormida, estamos em melhores condições de estudar a fundo um assunto. E *a alma influi nas reações corporais*: ter a consciência em paz pode ajudar a evitar certas doenças psico-somáticas, e a fortaleza de alma pode ajudar a dominar impulsos aparentemente incontroláveis. Como aquele prisioneiro político de um sistema totalitário que, por amor às suas ideias, deixava sistematicamente de lado uma das duas únicas colheres de arroz que lhe ofereciam como alimento, justamente para continuar sentindo-se superior aos que queriam subjugá-lo pela fome.

A estrutura interior do ser humano

É bonito ver um pássaro cruzando os céus. O que o sustenta são as asas, mas — dizem os entendidos — também a cauda tem uma função: a de auxiliar e dar estabilidade ao voo. Sirvamo-nos da comparação para explicar a estrutura interior do ser humano.

A inteligência e a vontade são as asas que permitem ao homem elevar-se acima dos animais. São o que classicamente os filósofos chamam «potências superiores» da alma.

Por meio da *inteligência*, cada homem pode conhecer a realidade que o cerca e refletir sobre todos os eventos da sua vida. Através dela, a humanidade desenvolveu a ciência e a técnica.

Por sua vez, a *vontade*, ajudada pela inteligência, permite — depois de conhecer o bem — querê-lo e atingi-lo, assim como rejeitar o mal e evitá-lo. Da vontade derivam as decisões livres, a fortaleza para perseguir os objetivos, a temperança para moderar e guiar os instintos inferiores, o senso de justiça e, principalmente, a capacidade de amar.

Mas, para voar bem, não bastam as asas; as «potências inferiores» constituem também um elemento importante para a estabilidade e o bom desempenho. Embora num nível inferior, têm o seu papel fundamental: são os «instintos» (de sobrevivência, autorrealização, etc.), a «sensibilidade» (visão, tato, etc.) e, finalmente, todo o campo da «afetividade»: as emoções, os afetos e os sentimentos.

Numa pessoa bem constituída, as potências superiores e inferiores devem funcionar harmonicamente, com equilíbrio e ordem.

A inteligência deve atuar de mãos dadas com os sentimentos. É amplamente sabido que o raciocínio frio e o mero silogismo lógico são insuficientes para conhecer a realidade: os sentimentos ajudam a dar peso e colorido às ideias, a situá-las no seu contexto e a compreender as situações humanas.

A vontade está relacionada de forma ainda mais direta com os sentimentos.

Antes de mais nada, pode *provocá-los*, direcionando a inteligência e a imaginação no sentido da alegria, da tristeza ou do medo. É o caso de quem, como válvula de escape, assiste a um filme de terror para sentir medo; ou de quem quer recordar certo fim-de-semana para tornar novamente presente a alegria daquela ocasião.

A vontade pode também *aquietar os sentimentos*, exercendo um certo controle sobre eles. É o caso do esportista que domina a frustração ou a tristeza depois de uma derrota, para continuar a desenvolver todas as suas potencialidades e poder vencer na próxima competição.

Mas nem sempre existe harmonia entre a vontade e os sentimentos. Pode acontecer que a vontade mova a algo bom, enquanto o sentimento se orienta na direção contrária; e vice-versa. Os sentimentos podem achar que o bem é permanecer na cama, ao passo que a vontade move a levantar-se em vista de um bem maior, que é ir trabalhar. A vontade pode indicar que se deve tomar o remédio amargo, embora isso não agrade nada aos sentimentos.

Por ser de ordem superior, corresponde à vontade tomar as rédeas da ação, orientando os atos para o bem, mesmo que custem ao nosso natural.

É verdadeiramente «natural» que, num primeiro momento, os sentimentos nos afetem sem que haja controle sobre eles. A primeira reação é, muitas vezes: «Não gosto», «Não tenho vontade», ou, pelo contrário, «Isso me agrada», «Adoro isso». Mas, num segundo momento, a vontade deve impor-se, em função de razões mais elevadas, para fazer ou não fazer o que os sentimentos sugerem.

Isto não significa que os sentimentos façam sempre o papel de vilão da história; em si, não são nem bons nem maus, dependendo do modo como sejam orientados. *Os sentimentos são bons quando contribuem para uma ação boa, e maus no caso contrário*. Assim, se o medo ajuda a vontade a afastar o perigo de dirigir a uma velocidade excessiva, contribui para o bem. Mas se esse mesmo sentimento de medo leva a ter uma conduta fraca e a pactuar com os erros do ambiente, torna-se mau.

Bem orientados, os sentimentos podem, pois, prestar um enorme auxílio à vontade, fortalecendo-a. Era essa a função, nas antigas guerras, da bandeira que se levava erguida à frente do exército, e das músicas marciais que se tocavam durante os combates corpo-a-corpo. Pensando friamente, poderia dizer-se que eram braços a menos que combatiam, mas tinham a importante função de avivar a coragem dos soldados, fortalecendo-lhes a vontade de defender a pátria.

O indivíduo sentimental

É interessante observar num parque da cidade uma criança dirigindo um avião com controle remoto. Enquanto o motor impulsiona o aparelho, o piloto manuseia os comandos e faz o avião subir ou descer, girar para um lado ou para outro. Mas um vento inesperado às vezes estraga tudo, desgoverna o avião e até o faz cair. Assim é o ser humano; a inteligência tem a função de indicar a direção, a altitude, o momento do pouso ou da decolagem. A vontade é o motor que impulsiona na direção indicada pelo piloto. Os ventos são os sentimentos espontâneos, que ora ajudam a sustentar o avião, ora se transformam num problema que interfere nos comandos e na potência do motor.

Ter bom piloto e bom motor, mas decolar no meio de um vendaval, é perigoso para o frágil avião. Facilmente cairá, reduzindo-se o brinquedo a um monte de destroços. Esse é o risco das pessoas que deixam os sentimentos à solta na sua vida e preferem confiar mais nos impulsos momentâneos do que no motor da vontade:

frequentemente acabam por espatifar-se contra o chão, e, se conseguem salvar-se, ficam-lhes as sequelas, os traumas, que exigem delicadas operações de «remontagem» e «colagem».

As opções do indivíduo sentimental estão mais pautadas pela emoção do momento, pelo impulso, pela imaginação, do que pelo raciocínio sereno e equânime.

Com a vontade enfraquecida e deslocada para um segundo plano, a personalidade deixa de ter um rumo certo e sujeita-se ao «capricho», à alternância de grandes entusiasmos e alegrias passageiras com momentos de tristeza e depressão. O sentimental é *movido a entusiasmo*, como o fogo de palha, que queima com grandes labaredas e logo se apaga.

Este predomínio dos sentimentos leva a motivar-se e desmotivar-se em função do gosto ou do prazer. Raciocina-se assim: «Eu não sinto mais nada, eu não gosto», portanto, «abandono esse trabalho aborrecido». E não se considera a importância ou a transcendência, para a própria pessoa e para os outros, daquilo que se está fazendo, sejam trabalhos, estudos ou compromissos de qualquer gênero.

Em consequência, a vida transforma-se numa onda que flui e reflui, sempre à procura de novidades, de emoções cada vez mais fortes, na fuga de tudo aquilo que, por ser bom e valioso, exige sacrifício, abnegação, fidelidade à palavra dada, empenho sério da vontade e de todas as forças da alma.

A sociedade sentimental

O «frenesi» e a verdadeira «devoção» com que milhões de espectadores acompanham diariamente as telenovelas (não podem perder sequer um capítulo) são apenas uma amostra de que vivemos uma autêntica cultura do sentimento.

Uma pessoa pode ser, por temperamento, mais fria ou mais emotiva, mais dada à ação ou à reflexão. Essa variedade, proveniente da própria natureza constitutiva dos indivíduos, é o que confere colorido à sociedade: que monótono seria o mundo se todos fôssemos iguais! Mas é fácil constatar que há na nossa sociedade um progressivo aumento de «temperamentos induzidos», daqueles que, não sendo especialmente emotivos, se deixam levar e acabam por deixar-se envolver pelo sentimentalismo. E essa atitude torna-se um fenômeno social que, de alguma maneira, «contagia».

O sentimentalismo leva as pessoas a só pensarem em si mesmas: *eu* sinto, *eu* não gosto, isto *me* desagrada. Supervalorizam-se as reações pessoais com o decorrente desprezo pelos sentimentos alheios. E então não é de admirar que brotem em cascata as consequências negativas.

A primeira delas é o individualismo e, em consequência, a irrupção constante de situações de atrito. Vivemos numa sociedade que faz lembrar aquela atração dos parques de diversão, em que vários carros elétricos se chocam uns contra os outros num espaço relativamente pequeno. Os sentimentos desgovernados chocam-se nas famílias, nas reuniões de trabalho, na escola, nas discussões políticas, nos debates da televisão, nos artigos de jornal, nas ruas e nas praças.

Uma segunda consequência ou característica da sociedade sentimental é a formação de convicções e regras de conduta baseadas no impulso, no sentimento e no medo de ficar mal perante o «consenso» social. Não se raciocina e não se amadurecem as decisões. Resolvem-se todos os problemas na base do «eu acho», «na minha opinião», «do meu ponto de vista»... E quando se vai mais a fundo e se pedem argumentos, o que se encontra não é uma reflexão pessoal, mas sempre razões inconsistentes, no fundo geradas pelo que «todos acham» e pelo «politicamente correto».

É evidente que uma sociedade livre não subsistiria sem a livre opinião, mas seria irracional julgar que a verdade das coisas procede da mera opinião emocional ou do que «todos pensam». Porque muitos «pensam» com o estômago, ou com o fígado, ou com os hormônios. E se chegam a pensar com a cabeça, é com a cabeça alheia, da *mídia*, que lhes serve o que querem que lhes sirvam. Pouco fleumaticamente, dizia um político inglês a propósito dos que acham que se deve dar ao público o que o público quer: «Isso mesmo acharam as prostitutas de todos os tempos».

Bastariam dois exemplos para ilustrar como se dá a opinião meramente emotiva. O primeiro, o divórcio. Começou por ser uma reivindicação em nome dos chamados «casos-vítima», em que a convivência entre os esposos era um martírio para ambos ou para um deles; mas, com base nesses casos, passou-se a invocar o direito a separar-se e voltar a casar. Hoje, os resultados estão à vista: famílias que se desfazem pelos motivos mais banais, em que prevalecem os meros sentimentos — «Acabou o amor entre nós» ou «Apaixonei-me por uma loura» — e se esquece o bem do outro cônjuge e sobretudo o bem dos filhos, para os quais existe a instituição familiar.

O outro caso, que aos poucos vai ganhando ambiente em algumas legislações, é a eutanásia. Em nome de que se pretende legitimá-la? Da compaixão pelo paciente terminal. Outra vez o sentimento contra a verdade objetiva: se o ser humano não deu a si mesmo a vida, também não pode tirá-la ou permitir que lha tirem.

Muito haveria a dizer sobre estes pontos — considerem-se, por exemplo, os motivos que se alegam para a fecundação «in vitro» —, mas o que nos convém pensar aqui é como se formam na sociedade as opiniões e as certezas, baseadas em algo tão frágil e insensato como os impulsos sentimentais — a compaixão, a piedade —, em prejuízo da reta razão e da garantia que esta supõe para os valores que fazem a dignidade humana. Compreenderá a sociedade moderna que a felicidade — palavra mágica dos nossos dias — não deve ser *procurada* a qualquer preço, mas *merecida*?

Uma terceira consequência social do sentimentalismo é o mover-se pela lei do gosto ou do máximo prazer, regra que já foi formulada teoricamente por Epicuro, alguns séculos antes de Cristo. Para ele, o homem seria *pura matéria*, e portanto a meta da vida consistiria em fugir da dor, do sofrimento e da doença, e buscar o máximo prazer sensível. Hoje, o epicurismo não é tanto teórico como prático: assistimos a um verdadeiro culto do corpo — a «malhação» da geração-saúde — para que a pessoa «se sinta bem»; à fuga de qualquer sofrimento, à incapacidade de compreender que há bens que valem todos os sacrifícios. E é toda uma sociedade, para não dizer uma civilização, que se mobiliza para garantir ao homem o paraíso na terra, à custa de amolecê-lo e desfibrá-lo.

Já Platão apontou a falsidade dessa doutrina, demonstrando até que ponto está marcada pelo egoísmo e salientando que os prazeres facilmente se convertem nos seus contrários: em dor e tristeza. Argumentava que, seguindo o epicurismo, se justificariam todos os crimes, desde que proporcionassem prazer aos seus autores.

A sociedade moderna não parece andar muito preocupada com as argumentações filosóficas nem com a interferência de inquietantes «pensamentos moralistas». Sem deixarmos de insistir em que ninguém pode viver sem sentimentos e sem o prazer, é necessário repetir que as pessoas e as sociedades entram em decadência inexorável — assim o mostra a história — quando atropelam os elementos constitutivos da natureza humana, pela prevalência da teoria da felicidade a qualquer preço. Só quem não o experimentou é que pode dizer que não é inefável e duradoura a felicidade do dever cumprido, da palavra respeitada, da dedicação fiel.

CARACTERÍSTICAS DO SENTIMENTAL

Volubilidade

O *Rigoletto* de Verdi é uma ópera que às vezes se escuta vinda do chuveiro, e da qual o brilhante tenor normalmente só conhece uma única estrofe, que repete com ânimo: «*La donna è mobile / Qual piuma al vento, / Muta d'accento e di pensier*». O autor encontrou a comparação ideal para a volubilidade: uma pena levada pelo vento. Ninguém sabe para que lado irá no instante seguinte; irrequieta e ondulante, ora sobe, ora desce, e dificilmente se aquieta. Mas esta não é uma característica apenas feminina, como afirma a ópera, e sim dos sentimentais em geral.

O mundo interior do sentimental parece-se com o gráfico de febre que se faz para acompanhar a evolução de um paciente; apresenta uma série intercalada de picos e baixas, e poucos momentos de estabilidade. Ora são os picos do entusiasmo produzido por algum resultado positivo ou por uma perspectiva alentadora, ora são os baques do malogro, da incompreensão. Aquilo que ontem parecia um desejo ardente e imutável, hoje desapareceu no meio do turbilhão provocado por sentimentos opostos. Ontem dizia-se: «Agora é para valer», hoje diz-se: «Vamos ver se dá»; ontem afirmava-se: «Pode deixar comigo», hoje pensa-se: «Vai ser difícil»...

No trabalho ou na realização das tarefas, a instabilidade dos sentimentos pode levar a uma atitude inicialmente alegre e bem disposta, mas depois vêm o desânimo e a irritação, quando surgem as primeiras dificuldades. O relacionamento familiar pode, num só dia, ir da brincadeira alegre e animada à ira profunda, passando pela tristeza e pela aversão. O relacionamento com Deus, para aqueles que começaram a ter uma vida cristã, pode levá-los a flutuar entre os suspiros de emoção, ao verem uma bonita imagem, e a tristeza quando o coração não reage como seria de esperar, ao recitarem uma oração.

O combustível do sentimento esgota-se rapidamente, e então corre-se o risco de ficar parado no meio da estrada da vida, «vendo a banda passar».

Viver de sensações

A nossa época procura sensações cada vez mais fortes; emoções de todos os tipos e gêneros, como num parque de diversões: casa dos horrores, montanhas-russas, simulações de viagens intergalácticas, e assim por diante. Valoriza-se em demasia a aventura, o fantástico, o que as pessoas sentem. Não é por acaso que uma das perguntas mais constantes nas entrevistas feitas pelos repórteres da tevê é: «Qual foi a sensação que você experimentou?» Quando um esportista sobe ao pódio da competição: «O que você sentiu ao escutar o Hino Nacional?» Quando um refém é libertado: «O que você sentiu ao ser sequestrado?»... E insiste-se, até que o entrevistado soluce. E então corta-se a imagem.

A mídia corre loucamente em busca do *sensacional*, para satisfazer a «fome de sensação» dos leitores, espectadores e ouvintes: seja o escândalo, o desastre, o suicídio, o crime com requintes de sadismo e brutalidade, enfim, qualquer fato gerador de sensação. As telenovelas e a propaganda têm, em muitos casos, a intenção exclusiva de acumular sensação sobre sensação, e o enredo e o conteúdo das ideias importam muito pouco, quase nada.

Esse ambiente de excessiva oferta de sensações é uma «maravilha» para a pessoa sentimental. E não só para ela; se não tomarmos cuidado, poderemos passar os nossos dias saltando de sensação em sensação.

Começa-se com a abertura do jornal no café da manhã e, enquanto se passa manteiga na torrada, toma-se contato com os acidentes aéreos e os assassinatos da véspera. Ao sair à rua, somos tomados pela *indignação* contra aquele motorista que nos deu uma «fechada». Chegando ao trabalho, pode predominar o *medo* de fazer algo errado e ficar mal ou receber uma «chamada» do chefe. Perto da hora do almoço, só vem à cabeça o *desejo* de experimentar a comida do restaurante recém-inaugurado. E na conversa com os colegas, fomenta-se o *rancor* contra o diretor da empresa, pelo modo como conduz os negócios. À noite, em casa, nova busca de *sensações* na tevê, como fuga das preocupações, e a ânsia de ter tudo do jeito que se gosta. Um dia assim poderia ser resumido em três verbos: acordar, *sentir* e dormir.

Mas viver de sensações é, em grande medida, viver de sensações agradáveis. Por isso, a tendência do sentimental é *guiar-se pelo gosto*, que se torna o senhor absoluto da vida. Começa a fazer as coisas por gosto, deixa de fazê-las porque já não agradam ou custam; muda de opinião sobre o que tem de fazer porque não sente vontade de fazê-lo; foge de tudo o que incomoda. E vai esquecendo que há muitas coisas na vida — talvez a maioria — que não nos agradam, mas que devem ser feitas se queremos um estilo de viver mais elevado, para não dizer simplesmente *humano*.

A vida não pode ser vivida só em busca de sensações boas e fugindo de sensações ruins. Isso serviria talvez para resumir o comportamento de um gato de estimação, que só quer viver no canto mais aconchegante do sofá.

Fugas da imaginação

O sentimental é um fugitivo: *foge do real*. Prefere o mundo dos sonhos à roda-viva da vida. Realiza espetaculares escapadas para as longínquas regiões do *futuro imaginário*, onde todos os problemas desaparecem e tudo é fácil e grato. Sonha com o prêmio da loteria que lhe trará a casa de campo, imagina um romance perfeito com a colega de olhos azuis, em plena terça-feira julga-se na cadeira de praia...

Mas se essa fuga não satisfizer, há outra região esplêndida para refugiar-se: o *passado fantástico*. Depurado das realidades negativas, o passado serve como esconderijo ideal. Recordações do antigo namorado: «Ele, sim, é que me queria bem». Aquela época gloriosa em que o trabalho corria sem maior esforço e tudo dava certo. Aquele tempo da infância ou da juventude em que não havia responsabilidades ou em que ainda não se tinham assumido compromissos com consequências para toda a vida: «Então, sim, eu era livre».

Tão estranho e incompreensível é o ser humano que o retorno não é só para esses paraísos cor-de-rosa, mas também para o *passado negro*. Revive-se com todo o detalhe aquela ocasião, há quatro anos, em que a Helena me tratou mal e teve aquela palavra grosseira comigo. Recorda-se, como se fosse um *vídeo-tape* em cores, aquela vez em que o Jorge podia ter-me ajudado a sair do aperto econômico em que me encontrava e não mexeu um dedo sequer.

Vive-se então num futuro imaginário, num passado fantástico, num passado sombrio de mágoas e ressentimentos, ou mesmo num mundo de *futuríveis*, daquilo que poderia ter sido e não foi: «Oxalá não me tivesse casado», «Ah, se eu fosse mais jovem», «Se eu tivesse mais dinheiro»... e mil outras coisas.

Em qualquer desses casos, e em tantos outros, sempre se foge do único mundo que existe, das coisas que estão ao alcance da mão. E perdem-se as oportunidades concretas, talvez pequenas e aparentemente sem importância, mas que são os tijolos com que se constrói a realidade da vida. Nesse triste engano de esperar «ocasiões melhores», deixa-se escapar a «melhor ocasião», que é o minuto que estamos vivendo agora, repleto de possibilidades de realização, e que nunca se repetirá.

Sentimentalismo e imaginação caminham juntos. Contra esta nos previne um autor dos nossos dias: «Calma, realismo, serenidade, objetividade: qualidades que nascem onde termina a tirania da imaginação; virtudes que crescem e se fortificam no esforço por dominar e controlar a fantasia. É grande a tirania da imaginação. Tão grande que chega a alterar as ideias, a falsear as situações da vida, a deformar as pessoas»[1].

Impulsividade

O sentimentalismo costuma ir de mãos dadas com a impulsividade. As reações tendem a ser imediatas, irrefletidas e apaixonadas. Toma-se rapidamente o partido de uma ideia, de uma pessoa, sem saber exatamente de que ou de quem se trata, apenas por uma simpatia súbita; ou, com a mesma precipitação, tem-se o ímpeto de atacar os outros, se preciso com atitudes bruscas e violentas. As soluções são drásticas e radicais: «Prende, põe na cadeia...» A exaltação leva a ir dando logo umas palmadas nas crianças ou a discutir aos gritos por qualquer motivo. É sempre necessário alguém ao lado disposto a serenar os ânimos e moderar os ímpetos, chamando à razão.

A impulsividade do sentimental pode levá-lo também a gestos de generosidade bonitos e imediatos, como dar a própria camisa a quem passa frio. E até mesmo a gestos heroicos, de que a história guarda inúmeros registros. Mas, no dia-a-dia, é mais frequente que se incline para o lado do egoísmo ou do comodismo pessoal.

Na alma sentimental, são muitas as atitudes impensadas que depois geram remorso: «Por que fui fazer isso? Se tivesse ficado quieto, teria sido muito melhor»; «Acho que falei demais»; «Não devia ter assistido a esse filme»...

Por impulsividade, muitos projetos bons e interessantes são abandonados, devido a um repente de entusiasmo ou de desilusão. Depois que o lixeiro já passou, de nada adianta lamentar: «Eu não devia ter jogado fora aquelas anotações»...

Oxalá se tratasse apenas de papéis no cesto de lixo; às vezes, a impulsividade sentimental leva a decisões que influirão em toda a vida. Pode ser o casamento decidido e realizado sem o necessário conhecimento mútuo; ou a aceitação de uma proposta de trabalho no exterior sem considerar os reflexos na vida familiar; ou o pedido de demissão do emprego por uma briga circunstancial com o chefe, que depois acarretará intermináveis meses de desemprego.

Vale a pena adquirir o hábito de ponderar as coisas com calma e, depois de tomada a decisão, agir com energia. «É melhor», adaptando a máxima do carpinteiro, «medir duas vezes; cortar, uma só».

Fragilidade de caráter

Charles Dickens abre um dos seus mais conhecidos romances, *David Copperfield*, traçando de forma magistral o retrato psicológico de uma moça jovem, sentimental, bonita, de cabelos «belos e abundantes», de voz macia e extremamente meiga. Antes dos trinta anos fica viúva, com um filho pequeno, mas sem ter amadurecido e parecendo-se a uma criança, tanto na aparência como nas atitudes. Chora a cada instante e mostra-se totalmente dependente das opiniões alheias. Precipitadamente, acaba por casar-se em segundas núpcias com um homem que a princípio parecia bom e compreensivo, mas depois se revela despótico e intransigente. Na história, a moça frágil não suporta tantos embates com a dura realidade e morre de desgosto[2].

É apenas um romance, e o seu desenlace é um tanto inverossímil para os tempos que correm; mas representa bem o tipo da pessoa sentimental e, por isso, frágil. Se essa personagem da literatura surge tão viva que quase sai do papel para a realidade, é porque é o retrato de muitos tipos humanos com que deparamos no dia-a-dia: uma tônica adocicada e melíflua produz-nos a impressão de um desses bibelôs que se colocam numa estante, translúcidos e coloridos, mas que dão a sensação de poderem quebrar ao menor toque. Bonitos, mas frágeis e inúteis.

Uma manifestação dessa fragilidade é o *dramatismo*. Qualquer problema normal é visto com tons carregados, como se se tratasse de uma dessas antigas telenovelas, feitas para chorar e lamentar. Os corriqueiros apertos económicos de fim de mês são vividos de forma quase teatral, a ponto de moverem à compaixão gente que está numa situação muito pior; chega-se ao ponto de não perceber as necessidades alheias, dando razão ao jornalista que, para incentivar os leitores a colaborarem na campanha do combate à fome, escrevia: «Você vai participar, ou vai ficar reclamando de barriga cheia?» Tais atitudes não são, em geral, estudadas ou preparadas, mas inconscientes, fruto e consequência da autopiedade.

Ao invés de amar os outros, a pessoa sentimental ama o seu *comodismo*. Sob o pretexto de «não fazer passar um mau bocado» aos outros, quando devia intervir e corrigir, o que quer é poupar-se a situações penosas. Dessa forma, não ajuda os outros e ela própria não cresce. Que pensaríamos de um cirurgião «tão bonzinho» que não tivesse a coragem de operar uma pessoa jovem de um tumor maligno porque seria «doloroso demais»? Seria um criminoso por omissão. Em muitas ocasiões na vida, é preciso abrir e cortar, ainda que doa, para ajudar a curar; quando o «paciente» recuperar a saúde, agradecerá aquele gesto nada sentimentaloide. Os pais e os educadores em geral deveriam meditar nisto seriamente.

O receio de enfrentar dificuldades ou o medo ao sacrifício pode potencializar no sentimental a tendência a agarrar-se à infância, dando-se a flagrante aberração de pessoas crescidas que se comportam como crianças mimadas: caprichosas, cheias de dengos e teimosias. E como nem sempre a vida nos trata com dengos e mimos, mas com pauladas e safanões, as reações são as mesmas da criança contrariada. Pouca coisa séria se poderá fazer na vida se não se supera essa infantilidade que impede de abraçar a vida com as suas alegrias, mas também com as suas penas. Como bem dizia o literato: «*L'uomo non educato dal dolore rimane sempre bambino*», quem não foi educado pela dor permanece sempre criança[3].

Superficialidade

O medo às dificuldades leva à superficialidade no plano intelectual. Por sentimentalismo, foge-se dos raciocínios abstratos, que pedem uma concatenação lógica das ideias mediante uma aplicação séria da inteligência. Ao ler um texto, a tendência é ficar apenas com o que é mais fácil, chamativo e acidental: episódios, historinhas, exemplificações ou aquela passagem engraçada. Foge-se das ideias de fundo, que exigem concentração.

Essa atitude estende-se também ao campo do autoconhecimento. Por não se questionar sobre os porquês da própria atuação, o sentimental não é capaz de analisar-se, de ver a raiz daquilo que faz e as resoluções que teria de tomar na sua vida. Enraíza-se então no mau hábito de não pensar seriamente nas coisas, e de não decidi-las por conta própria, deixando-se levar simplesmente pelas correntezas da vida e pela imaginação dispersiva.

Mas, se falta esse esforço de raciocínio, como pode a pessoa superficial sobreviver? Pode-se dizer que funciona à base de *intuição*. É verdade que muito se elogia o chamado «sexto sentido», e realmente é útil para a vida prática; mas seria no mínimo um risco subordinar as decisões sérias da vida a esse elemento tão misterioso e imprevisível do mundo interior. Via de regra, o caminho para o qual acaba guiando a existência é o da *frivolidade*, da *improvisação* e do *descompromisso*.

Pessimismo e melancolia

«Se você se está sentindo bem, não se preocupe. Isso passa». «Sorria. Amanhã será pior». Estas são apenas algumas, entre tantas, das proverbiais «leis do pessimismo». Se são somente uma forma de ironia amarga, podem servir para determinados tipos de humor; mas se forem uma atitude de vida, é provável que se esteja diante de um sentimental melancólico.

Víamos antes que é característico do sentimentalismo a volubilidade de caráter, a alternância de momentos de entusiasmo e momentos de desânimo. Mas se se fizesse um cálculo comparativo entre os momentos de alta e de baixa, ver-se-ia facilmente que os de baixa ganham de longe. Os picos positivos e efervescentes aparecem como momentos fugazes, como uns fogos de artifício a brilhar no céu, mas o pano de fundo é o da escuridão da tristeza. Podem ser as lágrimas noturnas ou as nostalgias, os pensamentos negativos que se prolongam durante o dia, o barulho da música a todo o volume ou a bebida, expedientes usados para fugir dos problemas ou afogar as mágoas.

A instabilidade e a tristeza semeiam a confusão no mundo interior, fazem pensar, com falta de objetividade, que não se serve para nada, que de nada adianta a luta por melhorar o próprio caráter, ou que seria inútil o esforço por fazer algo pelos outros, etc.

Por que se dá essa tendência melancólica no sentimental? Talvez a resposta esteja apontada nas palavras de um dos personagens de Shakespeare: «Não tenho a melancolia do erudito, que é emulação; nem a do músico, que é fantasia; nem a do cortesão, que é orgulho; nem a do soldado, que é ambição; nem a do advogado, que é política; nem a da mulher, que é formosura; nem a do amante, que reúne todas essas. Tenho, sim, uma melancolia só minha, composta de muitos elementos, extraída de muitos objetos. E, na verdade, *a ruminante e múltipla contemplação de minhas jornadas acaba por envolver-me*, quase sempre, *num estado de excêntrica tristeza*»[4]. Ruminar e contemplar repetidamente, agigantando a importância do próprio eu, dos fatos e da atuação dos outros, sempre em relação a mim..., tudo isso gera, nas suas infinitas voltas e revoltas, um redemoinho de tristeza, mágoas, pessimismos e insatisfações.

Perde-se então a visão de conjunto. O olhar da alma fixa-se só no que é ruim, tal como uma pessoa que olhasse detidamente durante uma hora um pequeno ferimento no dedo e acabasse por convencer-se de que todo o seu corpo está podre.

O pessimismo estampa-se então no rosto, nas caras de poucos amigos. O futuro é visto como um túnel negro. Falta a decisão de cortar esse clima, com esperança, talvez usando ainda o raciocínio e as palavras de Shakespeare: «Algum dia ainda poderá sorrir de novo a aflição. Até lá, sossega, tristeza!»[5]

Passividade

Ao abrir o jornal na secção dos *best-sellers* da semana, é possível encontrar, na relação dos dez primeiros colocados, vários títulos de livros mais ou menos assim: «Como emagrecer comendo»; «O sucesso ao seu alcance»; «Como vencer na vida sem fazer força»; «Muito dinheiro em poucos meses», etc. Oferecer grandes resultados sem um esforço de permeio é receita de sucesso garantido.

Um traço comum a muitos dos sentimentais é a tendência a esperar *soluções milagrosas*. Esperam-se grandes vitórias num passe de mágica. Se a questão é econômica, pensa-se numa herança de um parente até então desconhecido; se o problema é a solidão, imagina-se o príncipe encantado descendo da sua carruagem, como nas fábulas; se a saúde não vai bem, busca-se o remédio miraculoso de uma erva amazônica que curará tudo à primeira poção...

Há no coração sentimental uma boa dose de *irrealismo*. Há uma falha na ligação entre desejos e realidade; não se percebe, ou não se quer perceber, que a ponte que os une é a ponte das obras, construída passo a passo, à força de dedicação e constância.

Não se trata de fazer uma falsa caricatura dos sentimentais, como se essa passividade supusesse uma abulia total. Na realidade, a passividade costuma dar-se apenas em certos setores da vida. Enquanto há muita atividade no campo profissional, ou nos *hobbies*, por exemplo, certos aspectos da vida que custa mais enfrentar vão sendo adiados sistematicamente. Adia-se o compromisso incômodo, adia-se a decisão séria que compromete a vida. Muitos jovens sentimentais acabam fazendo a opção da carreira na fila de inscrição para o vestibular.

Alguém referia-se ironicamente ao profissional que tinha na sua mesa de trabalho apenas duas pastas: «Assuntos que o tempo resolverá» e «Assuntos que o tempo resolveu»... Existe em muitos sentimentais uma certa «confiança no tempo», que é a máscara da passividade. Julga-se que já se vem fazendo tudo o que está ao próprio alcance quando, na realidade, se está apenas esperando «soluções do tempo». E o que resolve é o esforço e não o tempo.

Modos e atitudes

Os modos de ser sempre se refletem em atitudes e gestos externos. Não há de ser diferente com os sentimentais. Assim, por exemplo, encontramos neles, com frequência, o uso exagerado dos diminutivos: «Benzinho, faça um favorzinho...», «Filhinho, ajude a sua mãezinha um pouquinho...», «Vou tirar uma sonequinha», «Estou com uma preguicinha», «Mais uma vezinha só...» Por que será assim? Porque o diminutivo arredonda as formas, evita os choques, acolchoa as dificuldades, infantiliza tudo.

Também são frequentes nos sentimentais as frases simpáticas que fogem do compromisso. «Um segundo só...», que esconde a desagradável frase: «Ainda não fiz». «Vou fazer força para estar lá», ou «Se der, eu vou mesmo», para não ter de dizer que já se marcou um compromisso no mesmo horário e, portanto, não há dúvida de que não se poderá ir. E tantas frases do gênero, ditas num tom enfático ou acriançado, que demonstram um exagerado receio de ferir com uma negativa. Dá a impressão de que se julga mais dolorosa a negativa verbal do que a negativa real, não comparecendo ou deixando de fazer as coisas da forma devida.

Junto a isso, são infalíveis nos sentimentais as *lágrimas fáceis*, tanto nas mulheres como nos homens. Perante uma forte chamada de atenção, lágrimas. Nas despedidas, lágrimas; nos reencontros, lágrimas. Nos momentos em que se descobrem as próprias falhas, lágrimas. Nas tristezas, lágrimas; nas alegrias, também lágrimas. É verdade que as lágrimas são poéticas, cinematográficas e — nas mulheres — charmosas, mas não se deve desistir de um certo controle sobre elas, como fruto de um esforço por dominar paulatinamente os sentimentos desproporcionados. Quanto mais raras e espaçadas, mais poéticas e charmosas serão.

Some-se a isso o andar lento e pesado nas fases melancólicas, as caras fechadas nas ocasiões de pessimismo e tristeza, assim como as estridências nos picos de alegria e os abraços nos momentos de afetividade... E ainda os «meneios e caretas de mulherzinha ou de moleque»[6] e «essas manhas de cachorrinho de colo»[7], e teremos mais algumas pinceladas do perfil externo do indivíduo sentimental.

SENTIMENTALISMO NO RELACIONAMENTO

A lei do pêndulo

O sentimentalismo introduz um fator de desequilíbrio não só na vida da pessoa, mas no seu relacionamento. Leva a que seja a «lei do pêndulo» que dite as regras no contato com os outros. Nesses casos, os sentimentos nunca permanecem estavelmente num ponto de equilíbrio; inclinam-se ora para dentro, ora para fora.

Desequilibram-se *para dentro* quando, por exemplo, se esmola carinho a todo o custo. É o que transparece nas atitudes de quem pensa: «Não me estimam»,

«Esqueceram-se de mim», «Sou incompreendido»... Com essa tendência habitual, é impossível um relacionamento pacífico, pela simples razão de que não é verdade que o centro do mundo seja o próprio eu. E, como decorrência, não é possível que marido, esposa, filhos, amigos, vivam todos em função de mim, fazendo o que eu gostaria que fizessem, dando atenção quase que exclusiva às minhas coisas.

No romance *A cidadela*, Cronin descreve com bom humor um tipo que encarna bem essa atitude. Trata-se de uma jovem muito rica que se sentiu desconsiderada ao fazer compras numa finíssima boutique e se desfez num ataque histérico. As funcionárias foram chamar o médico, personagem central da obra, para dizer-lhe que a mulher estava «fazendo fita na secção de fitas». Ao chegar, o médico notou imediatamente que a mulher apenas desejava chamar a atenção; pediu para esvaziarem a sala e deu-lhe duas bofetadas «medicamente aplicadas». A paciente recuperou-se imediatamente[8]... Na vida real, nem sempre há alguém para despertar os *susceptíveis*, os que se autoexaltam ou autocompadecem de maneira doentia quando lhes tocam nos *«puntillos de honra»*, como chamava Teresa de Jesus às suscetibilidades. Convém, por isso, que cada qual esteja atento a si mesmo.

O pêndulo dos sentimentos também se desequilibra *para fora* quando se toma determinada pessoa como ponto de apoio exclusivo da vida. Leva a tornar-se inseguro e «dependente» como o viciado depende da droga.

É o caso da jovem que tem tal admiração pela companheira de trabalho ou pela sua chefe, que olha para ela a todo o instante, não se sente segura sem receber o seu elogio ou aprovação, toma-a como referência para tudo: desde o modo de vestir até os gostos, passando pela maneira de sorrir e de andar. Se, de repente, o seu «ídolo» sai de cena, porque se muda para outra cidade ou faz alguma grande bobagem, a vida parece desmoronar. Às vezes, pode tratar-se realmente de uma pessoa boa, reta, que sem o pretender servia de exemplo a muitos. Mas nem assim se deve sofrer um terremoto, como se tudo deixasse de ter sentido. É natural buscar apoio fora de si mesmo, em colegas, parentes, etc., mas isso não pode significar «dependência» sentimental.

Em sentido inverso, pode surgir também um sentimento de *aversão* sem um motivo claro. É o contrário do amor à primeira vista, o que popularmente se chama «não ir com a cara da pessoa». Muitas vezes apoia-se em razões tolas, como a circunstância de alguém falar alto demais, ficar balançando o pé quando está sentado ou lembrar tal conhecido insuportável. É a atitude própria de pessoas afetivamente pouco desenvolvidas e imaturas, que não aprenderam a conviver e se encerraram num mundo interior rarefeito, que converte o modo de ser ou mesmo os cacoetes alheios em hostilidade ou incompatibilidade.

A sujeição habitual ao sentimento pode transformar o indivíduo numa «pessoa difícil», aquela com a qual custa sintonizar o ânimo, porque nunca se sabe com certeza para que lado se inclina. Ora se ofende e não responde à pergunta normal de um colega de trabalho, ora se aborrece por não terem pedido a sua opinião num assunto familiar, ora não aceita uma ajuda que lhe é oferecida de boa vontade por um velho amigo. É fácil perceber por que as outras pessoas a consideram «uma pessoa difícil»: nunca se sabe como vai reagir, mesmo diante das manifestações de afeto.

Não temos visto pessoas que de um dia para o outro deixam de dirigir-nos a palavra e até nos viram a cara, como se não existíssemos? São situações dolorosas, sobretudo quando se trata de pessoas com quem convivemos habitualmente. São amáveis, simpáticas, prestativas com os outros, menos conosco. Que mal lhe teremos feito? E o pior é que chega um momento, talvez meses depois, em que, tentando saber o porquê dessa atitude, nem o próprio interessado sabe dizer o que se passou. Foi uma reação desproporcionada a algo que lhe feriu os sentimentos, que considerou uma prova de desconfiança, e que se cristalizou. Assim nascem muitas vezes as inimizades, as rupturas de relações entre parentes e amigos que se frequentavam, com o seu travo de amargura e infelicidade para a própria pessoa e para os outros. Na biografia que dedicou a um dos imperadores romanos mais cruéis, Gregório Marañón pôs como título: *Tibério, ou a história de um ressentimento*.

O sentimental corre o risco de ser um inadaptado.

As famílias sentimentais

A família sentimental moderna é grandemente influenciada pelos meios de comunicação e, sobretudo, por determinada propaganda que cultiva a imagem da família feliz com um «casalzinho» de filhos, todos agarradinhos e exsudando amor por todos os poros. É como se ter quatro ou cinco filhos impossibilitasse de dar a cada filho toda a atenção e carinho que merece. Erro crasso e grosseiro. O afeto do coração humano não é como um bolo, em que, quanto maior o número de comensais, mais se reduz a fatia de cada um. Postos a fazer comparações, poderia dizer-se que o afeto do coração é como uma fornalha, onde cada tora de madeira que se acrescenta amplia o fogo e aumenta a temperatura. É perfeitamente possível — e até bem provável — que os pais de cinco filhos deem mais carinho e atenção a cada um deles do que a família do filho único ou do casalzinho aos seus.

Esse modelo de família fechada, baseada num amor puramente sentimental, é absorvente; não educa para o mundo e para a vida, mas só «para a família». Não fomenta a autêntica liberdade, grudando pais e filhos pelo *chiclete* do sentimentalismo. Poderíamos perguntar-nos de que adianta ter dois filhinhos que estão «colados» ao papai e à mamãe, mas que por essa barreira familiar jamais aprenderão a fazer amizades por conta própria, a selecionar as pessoas que convém ter como companhia, a enfrentar o mundo com coragem, a comprometer-se pessoalmente em causas nobres e elevadas. O mais provável é que, mais cedo ou mais tarde, se revoltem contra essa barreira egoísta que os isolou do mundo e procurem distância dos pais.

Jacques Leclercq, na sua obra *A família*[9], aponta algumas diretrizes luminosas para que o carinho e o amor não se transformem em mera doçura sentimentaloide:

«A razão de ser da educação não é oferecer aos pais uma satisfação pessoal [...]. O fim da educação é fazer que os filhos, a seu tempo, possam empreender a sua obra de homens. Está, pois, completamente orientada para os filhos. A tarefa dos pais é uma tarefa de abnegação [...]. Está na ordem natural das coisas que o filho se separe dos pais depois de ter recebido benefícios sem conta, e não há nisso ingratidão nem injustiça. Não quer isto dizer que o filho não tenha para com seus pais um dever de agradecimento e de afeto; mas não tem o dever de lhes consagrar a vida, ao passo que os pais têm o dever de consagrar-lhe as suas».

Na família sentimental, existe uma autêntica *incapacidade para exigir com firmeza*. É o caso da mãe que, mais do que mãe, parece avó, porque cede a todos os caprichos dos filhos, não é capaz de explicar-lhes os erros nem de corrigir-lhes os defeitos. É, em geral, o caso dos pais que «não sabem dizer *não*» e a quem tudo parece pouco para dar ao filho: afogam-no em dinheiro para satisfazer os seus caprichos; transformam-se em motoristas, porque «ele não pode andar de ônibus»; compram-lhe tudo o que pede «porque, coitadinho, não queremos que sofra como nós tivemos de sofrer». Mas, em muitos casos, não se lhe deu o que era mais importante: a educação para a vida, a formação de um caráter rijo. E, porque falta o elemento mais importante, muitas vezes esses filhos se voltam mais tarde contra os pais.

A atitude de sempre dizer «sim» poderia, à primeira vista, denotar serenidade ou harmonia familiar. Mas, por trás dessa aparência, há um mundo confuso e desgovernado que acaba por exteriorizar-se em caras feias e num mutismo aflitivo, ou em explosões descontroladas; nada disso é sinal de fortaleza de caráter, mas de fraqueza e incapacidade de autodomínio e de autoridade sobre os filhos.

Onde sobra sentimentalismo não se educa bem, porque não há linhas claras e estáveis de orientação. Tudo depende das disposições variáveis do momento. E com isso as crianças e os jovens sentem-se desorientados e sem pontos firmes de apoio para a construção do seu caráter.

A educação deve ocupar-se não apenas de criar «sentimentos bons», mas virtudes. Sentimentos bons, como novos valores sociais, seriam, por exemplo, condoer-se dos deficientes físicos, respeitar a natureza, não fumar em ambientes fechados, dar um buquê de flores no dia das mães... Atitudes estas que foram ultimamente denominadas sensata e ironicamente de «bom-mocismo». Mas de que adianta o bom-mocismo de um filho que se condói do deficiente visual com quem se cruza na rua, mas é um egoísta requintado com os colegas? Ou não fuma em ambientes fechados, mas fuma maconha em ambientes abertos? Ou que traz flores no dia das mães, e notas baixas no final do ano letivo?

As virtudes não são apenas uma boa disposição momentânea, mas qualidades estáveis e um suporte moral para toda a vida. Virtudes como a sinceridade, a constância, o respeito à palavra, o espírito de ajuda e tantas outras, devem ser o objetivo de fundo da educação e não apenas as boas disposições passageiras.

Em poucas palavras: carinho, amor... sim; sentimentalismo bobo... não!

SENTIMENTALISMO NAS RELAÇÕES COM DEUS

Sentimentos e religião

É comum que, numa conversa de amigos, se ouçam frases mais ou menos assim: «O importante é você escolher a religião em que se sinta bem». Ou então, da parte de uma pessoa que tenha deixado de ser católica, ao explicar o motivo da sua mudança de religião: «Eu ia à missa às vezes, mas aquilo não me dizia nada; até que um dia fui a um centro espírita e me senti tão bem!...»

O que revelam atitudes desse tipo? Mostram que se tende a considerar a opção religiosa como uma questão sentimental. Por isso, no constante pulular de novas crenças e seitas, tende-se a construí-las sobre bases meramente afetivas: busca ansiosa de consolos, disposições genéricas de amor ao próximo, juras indefinidas de amor à natureza, enlevo à base de músicas envolventes e palavrório adocicado.

Mas o sentimento é essencialmente subjetivo, enquanto a religião é objetiva. A fé trata de questões objetivas, que não podem ser consideradas apenas sentimentalmente. Que foi Deus quem me criou é algo objetivo, independente de que eu «sinta» que é assim ou não. Se os anjos existem ou não, é uma questão objetiva, que deve ser encarada independentemente dos meus sentimentos com relação a eles.

A palavra «religião» tem a sua origem etimológica relacionada com a *ligação* do homem com Deus. Nessa ligação, é Deus quem tem a parte mais importante; é Ele quem dita as regras desse relacionamento.

As coisas que Ele dispõe são o que são, e não o que nós, pobres criaturas, gostaríamos que fossem.

Todo o homem tem o direito de seguir a religião que, em consciência, julga verdadeira. É o que se chama «liberdade das consciências». Ninguém pode impor um credo pela força ou pela violência. Mas isso não significa que tanto faça escolher uma como outra, e menos ainda por uma inclinação sentimental. Pelo contrário, é necessário um sério esforço por certificar-se de que a religião que se segue é a verdadeira, por buscar com afinco a segurança de que se está na relação certa com o Deus verdadeiro.

Dentro da própria Igreja Católica, não se podem escolher as verdades de acordo com o gosto próprio. «Concordo com a condenação ao aborto, mas não concordo com o casamento indissolúvel... Gosto do quarto mandamento, mas não gosto do sexto... Acho válido rezar missa pelos defuntos, mas não aceito o dever da missa dominical...» As verdades de fé — confiadas à guarda e ao magistério da Igreja — foram-nos deixadas integralmente pelo próprio Jesus Cristo, e seria um orgulho enorme julgar-se superior a Ele, a ponto de querer mudar o que Ele estabeleceu.

Não basta, portanto, a aceitação sentimental das verdades reveladas por Deus. É precisa uma aceitação intelectual, que leve a conhecer aquilo em que se crê, a saber que o conteúdo da fé nos foi deixado por Deus e, em consequência, exige a adesão firme a todos e cada um dos seus pontos.

Por isso, é absolutamente necessário estudar seriamente a doutrina católica. Não é suficiente o conhecimento genérico e confuso que vem da educação familiar ou dos sermões da missa dominical. É preciso ter ideias claras e bem estruturadas na cabeça, separando o que faz parte do tesouro doutrinal deixado por Jesus Cristo à sua Igreja — que é divino e imutável —

daquilo que são as nossas opiniões pessoais, falíveis e mutáveis. Quando se percebe o peso que uma fé esclarecida pode ter para a vida, então é fácil encontrar tempo e ocasião para cultivá-la.

Amor, sinceridade e hipocrisia

Jesus Cristo foi claro e taxativo ao dizer-nos que temos de amar a Deus com todo o coração e com todas as nossas forças (cf. Mt 22, 37). E com certeza aí se incluem os sentimentos. Se Deus, ao criar-nos, quis que tivéssemos sentimentos, é porque sabia que nos convinha. Ele próprio, ao assumir a nossa natureza, assumiu também os sentimentos. É reconfortante reparar no seu Coração humano, tal como se nos apresenta no Evangelho. O Salvador comove-se ao deparar com o féretro que levava o corpo de um jovem, filho único de uma viúva, e, movido pela compaixão, devolve a vida àquele cadáver, iluminando o coração ensombrecido de uma mãe desconsolada. Em outro momento, chora sobre Jerusalém, orgulho do povo judeu, antevendo a sua completa destruição por não haver recebido a sua mensagem. Ou ainda alegra-se ao receber aquele buliçoso grupo de crianças que se reunira à sua volta. A figura de um Jesus Cristo impassível, que algumas vezes se pretendeu transmitir aos cristãos, é uma figura deformada; Jesus teve sentimentos e não se envergonhava deles. E era Deus.

A história da Igreja é iluminada pela vida dos santos de todos os tipos: reservados e falantes, emotivos e racionais, cultos e incultos, jovens e velhos... Mas todos tiveram coração.

Tudo isto significa que a atitude para com Deus não pode ser simplesmente respeitosa e distante; tem de ser também afetiva e cordial. É preciso envolver todo o nosso ser no relacionamento com Ele. «A fé é acompanhada pelo sentimento, ou, pelo menos, por algum estado que não é pura atividade intelectual, porque é adesão plena, e não é pleno no homem o que é puro raciocínio»[10].

Mas como a linguagem do coração é a mais difícil de decifrar, é um erro comum identificar o amor a Deus exclusivamente com os sentimentos. Procuremos desfazer esse equívoco.

O amor a Deus é essencialmente a virtude da *caridade*; um dom de Deus que está presente sempre que a alma se encontra em estado de graça, isto é, livre de pecados graves (ofensa consciente a Deus em assunto sério) que pesem na consciência. Qualquer pessoa que se encontre em estado de graça pode dizer com segurança que há amor a Deus no seu coração. Tanto mais que esse estado de amizade com Ele exige um esforço por observar os mandamentos, confessar-se e comungar com regularidade, viver as virtudes cristãs, etc. E nada disso se faz por muito tempo se não é por amor.

Certamente, será um amor que ainda poderá crescer e desenvolver-se até alturas insuspeitadas; mas, ainda que estivesse presente em grau ínfimo, seria a semente da mais bela árvore que pode haver no coração humano.

Mas a confusão entre a realidade da presença do amor de Deus e o desejo de *sentir* esse amor gera desassossego em muita gente. Surge então a questão de saber o que é *sinceridade* e o que é *hipocrisia* no relacionamento com Deus. Há muitos que julgam que esse relacionamento é sincero somente quando «sai de dentro». Pelo contrário, dizem, seria hipocrisia rezar ou ir à igreja sem sentir nada, de forma fria ou mesmo de má vontade.

Vale a pena esclarecer a questão recolhendo um testemunho de São Josemaria Escrivá, Fundador do Opus Dei, que chegou à mais alta contemplação e, no entanto, falava da sua experiência pessoal, mostrando que o seu relacionamento com

Deus se dava muitas vezes sem o apoio dos sentimentos:

«Não me importo de vos contar que, em algumas ocasiões, o Senhor me concedeu muitas graças; mas *habitualmente ando a contragosto*. Sigo o meu plano não porque me agrade, mas porque devo cumpri-lo, por Amor. Mas, Padre, pode-se interpretar uma comédia com Deus? Isso não é uma hipocrisia? Fica tranquilo: chegou para ti o instante de participar numa comédia humana com um espectador divino. Persevera, que o Pai, e o Filho, e o Espírito Santo contemplam a tua comédia; realiza tudo por amor a Deus, para agradar-lhe, ainda que te custe.

«Que bonito é ser jogral de Deus! Que belo recitar essa comédia por Amor, com sacrifício, sem nenhuma satisfação pessoal, para agradar ao nosso Pai-Deus, que brinca conosco! Encara o Senhor e confia-lhe: não tenho nenhuma vontade de me ocupar nisto, mas vou oferecê-lo por Ti.

E ocupa-te de verdade nesse trabalho, ainda que penses que é uma comédia. Bendita comédia! Eu te garanto: não se trata de hipocrisia, porque os hipócritas precisam de público para as suas pantomimas. Pelo contrário, os espectadores dessa nossa comédia — deixa-me que to repita — são o Pai, o Filho e o Espírito Santo; a Virgem Santíssima e todos os Anjos e Santos do Céu»[11].

Não existe insinceridade quando se busca a coerência profunda de querer agradar a esse Deus que conhece as nossas lutas por antepor ao gosto pessoal, à «espontaneidade», valores mais altos: a adoração e o serviço a Deus, o cumprimento do dever, a dedicação ao próximo. Somos sinceros quando, vencendo as vozes do comodismo que se disfarça sob a forma de ausência de gosto ou de sentimento, fazemos o bem, fazemos o que é melhor, mais alto, mais digno, sem temer as renúncias que isso implica.

Ao falarmos de amor, que amor podemos imaginar mais puro e forte que o de uma mãe? No entanto, nem sempre esse amor — real e muito intenso — se apresenta revestido de sentimentos. É o caso da mãe que acorda pela quarta vez na mesma noite para acalmar a criança que está irrequieta. O mais provável é que, às três da madrugada de uma noite mal dormida, *não sinta nada* — ou sinta apenas sono —, mas o seu amor não deixou de ser real só por causa disso. Embora, nesse caso, os sentimentos não ajudem, o sacrifício é o selo de garantia desse amor.

Em contrapartida, o simples fato de ter enlevos e sentimentos «sublimes» não significa necessariamente um amor profundo; pode ser um simples aquecimento momentâneo do coração que, se não se traduz em obras efetivas e duradouras de amor, significaria uma ilusão fatal.

Dizia o cardeal Newman: «Religião de sentimento é um sonho e um escárnio»[12].

Os sentimentos nos Sacramentos

Há dois sacramentos que podem e devem ser mais frequentes na vida de um cristão: a Penitência e a Eucaristia. Fixemo-nos neles, portanto, analisando a sua relação com os sentimentos.

Para não poucos cristãos, a disposição sentimental a respeito de um e de outro é antitética. Há um «vento sentimental favorável» à Comunhão, e exatamente o contrário relativamente à Confissão. Como ambos se implicam mutuamente, convém situar bem a questão.

A *Confissão* sempre é custosa, pois reconhecer e relatar com verdadeiro arrependimento os próprios erros, falhas e pecados, nunca é uma tarefa agradável; logo, sentimentalmente, nem sempre se terá a inclinação espontânea para a Confissão. Aqueles que esperam o momento que o coração lhes dite para irem confessar-se acabarão provavelmente por confessar-se muito de vez em quando, ou nunca.

Certas pessoas entendem claramente o que se passa neste ponto quando se lembram dos seus dramas com a ida ao dentista. Raramente alguém sente vontade de ir ao dentista, mas vai porque já está com uma dor de dentes que é impossível aguentar ou porque, se adiasse o tratamento, poderia sair-lhe muito mais caro. A alma também tem os seus «dentes cariados», e sabe muito bem que adiar o tratamento só provocaria maiores danos, e que não deve esperar, portanto, a que a dor interior seja insuportável para só então recorrer a esse sacramento.

Os pecados são sobretudo ofensa a Deus; assim, embora possam não doer muito a quem os cometeu, *doem*, por assim dizer, a Deus. Esse é o motivo de fundo da Confissão. Saber que mentir, difamar, roubar, etc. são ofensas a Deus, e unir a isso o arrependimento proporcionado à gravidade do fato e o desejo sincero de não tornar a fazê-lo, é o que basta para apresentar-se diante do confessor. Derramar lágrimas por esses erros não é o fator decisivo. O simples fato de nos apresentarmos diante do ministro de Cristo e relatar-lhe as faltas próprias com sinceridade e desejo de receber o perdão é a melhor demonstração da autenticidade da dor. Embora os sentimentos às vezes não nos ajudem *antes* da Confissão, quase sempre ajudam *depois*. Saímos com a sensação de alívio, de luz no coração, de paz interior.

No que diz respeito à *Comunhão*, é frequente ouvir contar de alguma pessoa que, tendo ido a uma missa de sétimo dia ou de Natal, embora há tempo estivesse afastada da prática religiosa ou numa situação matrimonial irregular, «sentiu um impulso» e foi comungar. Talvez haja aí uma boa dose de ignorância, mas é preciso dizer claramente que se trata de um erro crasso. Não basta um mero sentimento favorável para a recepção da Eucaristia: é preciso estar com a alma livre de pecados graves pela Confissão sacramental. Assim o afirma o Catecismo da Igreja Católica: «Quem está consciente de um pecado grave deve receber o sacramento da reconciliação antes de receber a Comunhão» (n. 1385).

Suponhamos que tivéssemos ofendido seriamente um velho amigo ou tivéssemos abandonado a sua amizade por culpa própria durante longos anos. Seria acertado, por acaso, que, ao passarmos diante da sua casa, tocássemos a campainha e, sem mais nem menos, entrássemos pela porta dentro, nos sentássemos comodamente na sala de estar ou fôssemos buscar um pedaço de queijo à geladeira? Não seria preciso *primeiro* que nos reconciliássemos com ele, para depois tomarmos essas liberdades? Com Jesus Cristo, não podemos proceder de outro modo. Sintamos ou não, o pecado é uma ofensa a Deus e uma ruptura com Ele; a Comunhão, pelo contrário, é a união mais íntima que se pode ter com Deus aqui na terra. Não podemos, portanto, buscar a união sem primeiro procurar a reconciliação pelo sacramento da Penitência.

Quando existem as disposições devidas — estado de graça, jejum eucarístico, saber o que se vai receber —, a Comunhão é um enorme bem para a alma, mesmo que não se sinta nada de especial. Essa situação pode apresentar-se sobretudo quando a recepção assídua do sacramento já não produz a efervescência e agitação interior que talvez se tenha dado na Primeira Comunhão. É para tais situações que valem aquelas sábias palavras:

«Quantos anos comungando diariamente! — Qualquer outro seria santo — disseste-me —, e eu sempre na mesma!

«— Meu filho — respondi-te —, continua com a Comunhão diária e pensa: que seria se mim se não tivesse comungado?»[13]

Os sentimentos na oração

Talvez já tenhamos passado por épocas ou temporadas em que a nossa oração foi especialmente intensa, momentos em que nos parecia que podíamos «tocar» a presença de Deus, sentindo vivamente o seu amparo. Talvez isso se tenha dado quando, diante de sérias dificuldades familiares, rezávamos a Deus como nunca o havíamos feito; ou por ocasião de uns dias de um retiro espiritual; ou ainda como fruto de uma profunda crise pessoal. Seja como for, ocasiões como essas dão muita saudade, e surge o desejo de que o nosso relacionamento com o Criador seja sempre assim.

Mas, olhando o dia de ontem ou a semana que passou, talvez só encontremos tentativas de orações que nos têm saído secas e distraídas, em que o coração parece frio e a cabeça distante. Pode ser que esteja havendo falta de esforço da nossa parte, mas a verdade é que, apesar da nossa determinação, tudo continua a parecer-nos impessoal e sem colorido. Será que já não amamos a Deus? Será que Ele se afastou de nós? Tudo isso fica martelando na cabeça sem uma resposta clara.

Talvez nos ajude a responder à questão saber que almas muito santas, e que viviam bem próximas de Deus, também tinham dificuldades semelhantes a essas. Às vezes, durante um longo período, a sua oração era seca e sem brilho, mas persistiam porque viam nessa aparente esterilidade a mão paternal de Deus.

Santa Teresa de Lisieux, uma alma que, pela ideia que se faz dela, parecia nadar num mar de delícias nas suas práticas de piedade, desconcerta-nos quando nos conta: «Sozinha (envergonho-me de confessá-lo), a recitação do terço custa-me mais do que servir-me de um instrumento de penitência... Sinto que o rezo tão mal! Esforço-me em vão por meditar os mistérios do rosário, não consigo fixar o meu espírito... Fiquei durante muito tempo desolada com esta falta de devoção que me espantava, pois *amo tanto a Santíssima Virgem* que me deveria ser fácil recitar em sua honra orações que lhe são agradáveis. Agora, desconsolo-me menos, e penso que a Rainha dos Céus, sendo *minha Mãe*, deve ver a minha boa vontade e contentar-se com isso»[14].

Como vemos, nem sempre a santidade de vida e a coragem na luta são recompensados com afetos, tanto na oração vocal como na oração mental. Às vezes, é Deus quem deseja que sintamos essa secura e frieza para provar o nosso amor. Se persistirmos com um empenho sério durante longo tempo, apesar de não sentirmos nada, isso será a melhor garantia de que o fazemos, não por gosto pessoal, mas unicamente por Deus. Essa falta de sentimento torna ainda mais pura e meritória a nossa oração.

Infeliz daquele que só reza ou se dedica a uma leitura espiritual quando «é gostoso» ou sente facilidade para isso! Uma vida cristã assim seria como a «casa construída sobre areia» descrita pelo Evangelho: *caiu a chuva, vieram as torrentes, sopraram os ventos e deram sobre a casa, e ela desabou, e foi grande a sua ruína* (Mt 7, 27).

Para construir sobre rocha segura, que suporta todo o tipo de adversidades que possam sobrevir, a vida cristã deve estar edificada sobre práticas de piedade sólidas e estáveis, que se cumprem em quaisquer circunstâncias.

Às vezes, não percebemos o orgulho que se encontra por trás de atitudes aparentemente «liberais» ou «autônomas». Dizia alguém que não pertencia à Igreja, o indiano Mahatma Gandhi: «Não sejamos tão presunçosos a ponto de afirmar que toda a nossa vida é uma oração e que, portanto, é supérfluo reservar para ela determinados horários»[15]. Temos de substituir o «agora não tenho disposição», o «mais tarde ou no fim de semana terei tranquilidade suficiente» — busca pura e simples do conforto dos sentimentos —, pelos hábitos submetidos a um esquema racional, pela disciplina de um plano de vida espiritual*. E veremos que essa fidelidade atrairá ou trará de volta os sentimentos.

(*) A começar pela assistência à Missa aos domingos e em dias de preceito. Hoje parece ter razão aquele pároco que afixou um cartaz com estes dizeres ao muro da sua igreja: «Faça um milagre, vá à Missa». Não é preciso milagre nenhum. Basta querer saber por que se diz que uma Missa não tem preço.

OS MEIOS PARA DOMINAR O SENTIMENTALISMO

Durante longo tempo, a arquifamosa Torre de Pisa foi-se inclinando cada vez mais, milímetro a milímetro, a ponto de correr sério risco de transformar-se em simples escombro histórico. Para evitar o desabamento, os técnicos acabaram por optar, depois de longos estudos, por reforçar-lhe a base e assim garantir de forma duradoura a sua estabilidade.

O sentimentalismo é um desequilíbrio que pode, pouco a pouco, transformar a torre da nossa vida num montão de ruínas; mas se desejamos tê-la erguida e segura, devemos estar dispostos a fortalecer pontos de apoio que garantam a sua estabilidade. Como esse desequilíbrio é fruto do predomínio exclusivista da afetividade, é preciso fortalecer as bases investindo na inteligência e robustecendo a vontade.

Desse modo, todo o caudal dos sentimentos encontrará o leito adequado por onde poderá fluir livremente, dando riqueza e colorido aos pensamentos e às realizações humanas.

Investir na inteligência

PENSAR

A primeira condição para o autodomínio é que o intelecto esteja ativo e tome as rédeas do nosso ser, tal como na famosa frase de El Cid: «E sobre as emoções, minha razão soberana».

O homem foi definido como *animal racional*. Quanto à animalidade, não há dúvida, mas, quanto à racionalidade, a impressão que dá é que as coisas não são assim tão claras. Em certa firma, podia--se ver num lugar de destaque o seguinte cartaz: «Experimente uma sensação nova: pense!» Apesar do tom grosseiro e até mal--educado, tocava um problema verdadeiro: o trabalho intelectual requer esforço.

Escreveu Pascal: «O homem está feito visivelmente para pensar; é essa toda a sua dignidade e todo o seu mérito; e todo o seu dever é pensar corretamente»[16]. Deus criou-nos «pensantes» e isso é o que nos distingue dos outros seres materiais. Portanto, o que realmente eleva o ser humano não é a beleza física, a habilidade técnica ou a força bruta, mas o desenvolvimento do seu pensamento, aliado à retidão e fortaleza da vontade.

«Quando se trata do homem [...], o pensamento é bom para tudo, porque o torna mais homem. Purifica-o, fortifica-o, torna--o mais compreensivo, mais engenhoso, mais adaptável; prende-o àquilo a que vale a pena prender-se, desprende-o daquilo a que não vale a pena ligar-se; dá o sentido do absoluto e do relativo, e da diferença que há entre um e outro; engrandece-o e torna-o mais delicado»[17].

A inteligência é uma qualidade humana que pode e deve ser desenvolvida, pelo exercício e sobretudo por uma atitude aberta e corajosa, porque pensar seriamente sempre leva a consequências exigentes e inconformistas.

Para isso, é preciso contrapor-se a uma tendência moderna que é querer tudo ralo e já mastigado. Nas escolas proliferam os resumos da teoria, de livros de literatura, etc. Muitas delas, ao invés de investirem na formação profunda dos seus alunos, querem eficácia nos vestibulares e formam pessoas preparadas para responder mecanicamente a questões previsíveis. As faculdades, ao invés de criarem intelectuais, criam técnicos. As notícias de jornal são reduzidas a esquemas ou a estatísticas, muitas vezes manipuladas; vendem-se revistas com inúmeras ilustrações e pouco texto; os livros e os filmes que conseguem grandes lucros são os de ação... E o homem e a mulher modernos são produto das ideias que lhes incutem massacrantemente, dos lugares-comuns repetidos pelos jornais e pela tevê.

Com isso, fomenta-se a inclinação para o mais fácil, que é a marca registrada da natureza humana decaída. Já dizia Sófocles, há muitos séculos: «A vida mais doce é não pensar em nada»[18]. Pode ser muito doce, mas é pouco produtiva e empobrece terrivelmente o ser humano.

Há muita gente que não pensa. E não nos referimos aos que não sabem ler nem escrever — e que às vezes são autênticos sábios —, mas a pessoas que se sentaram nos bancos escolares e podem até pendurar um diploma na parede. Não pensam o que estão fazendo de suas vidas. Não pensam no porquê das suas atuações. Não pensam sobre o que querem da sua existência. São pessoas que, no dizer de Bernanos, «vivem na superfície de si próprios, e o terreno humano é tão rico que basta essa fina camada para se ter uma boa colheita, o que às vezes dá a ilusão de uma verdadeira existência»[19].

Há um verbo que parece estar desaparecendo da linguagem atual: *meditar*. A agitação da vida, amalgamada com a preguiça, constrói uma parede que impede a atitude de meditação. Sensível a essa realidade atual, um humorista dizia que a estátua do *Pensador*, de Rodin, é um enxadrista do qual se retirou o tabuleiro; já não se concebe uma pessoa pensando, simplesmente pensando, sem nada na frente ou nas mãos.

É preciso aprender a meditar sobre os acontecimentos da vida (morte, doença, contrariedades, êxitos), sobre as coisas (a maravilha de uma flor, a passagem do tempo), ou sobre as pessoas (as suas qualidades, a sua riqueza interior, as suas eventuais falhas). Para isso, não são necessárias horas e horas, nem é preciso subir ao alto de uma montanha ou retirar-se a uma ilha deserta. Basta a disposição interior de considerar as coisas a fundo e com vagar, de *criar uma vida para dentro*. Pode-se meditar enquanto se faz uma viagem de ônibus ou ouvindo música à noite.

Essa disposição habitual vai tornando a vida mais profunda. Ajuda a conhecer e a agir de acordo com princípios morais corretos, e não sob a guia do impulso, do sentimento ou da paixão. Reduz o perigo de sermos arrastados pela enxurrada das ideias ou preconceitos reinantes no ambiente. Torna mais coerente a atuação, afastando o receio de sermos mal interpretados ou incompreendidos. Leva a mudanças no comportamento, porque aumenta o conhecimento dos próprios defeitos e limitações. Veem-se as coisas a partir de uma perspectiva mais objetiva e serena.

E quando essa meditação deixa de ser simplesmente «com os meus botões», e flui em diálogo com Deus, essa objetividade e serenidade crescem, pois as coisas passam a ser vistas à luz da eternidade. Perante o eterno, que significa um contratempo passageiro? Diante da onipotência divina, qual a transcendência desta minha dificuldade? A oração, o diálogo sereno com Deus, é a meditação por excelência.

Refletir antes de atuar

Conta-se que o imperador Augusto pediu ao filósofo Atenodoro, que estava prestes a abandonar a corte, para lhe deixar como lembrança um bom conselho. O filósofo disse-lhe:

— Aconselho-vos a não tomar nenhuma decisão, sobretudo quando estiverdes irritado, sem antes pronunciar em voz baixa as letras do alfabeto.

Era um conselho importante para um imperador que, com uma palavra, podia provocar a deportação ou a prisão perpétua de um cidadão. Mas é um conselho importante também para não sermos arrastados pelo sentimentalismo.

Vimos atrás que uma das características típicas do sentimental é a impulsividade, a tendência a reagir de forma irrefletida. Por isso convém frisar a necessidade do esforço por pesar as coisas *antes* de agir.

Mas como — poderia perguntar alguém —, se essas reações são repentinas e inesperadas? Quem nos pode ajudar a dar uma resposta são os bombeiros, que estão acostumados a apagar incêndios e sabem muito bem que quase todos eles poderiam ser evitados se se tomassem as devidas precauções no momento oportuno. Para eles, a palavra-chave é «prevenção», e o momento oportuno de prevenir é sempre *antes*; bem mais barato é colocar três placas de «proibido fumar» do que refazer um posto de gasolina incendiado.

Aplicado à nossa vida, isto leva, em primeiro lugar, a localizar aquelas situações em que costumam dar-se as atuações impulsivas e irrefletidas. Para a dona de casa, será o telefonema àquela velha amiga que quase sempre escorrega para a fofoca, a maledicência ou o juízo temerário. Para a jovem estudante, talvez seja o espelho do quarto que se transforma em palco de vaidade e autocontemplação. Para o profissional, pode ser o programa de fim de expediente que se converte em ocasião de beber além da conta e de entreter-se em conversas impróprias.

Localizados os momentos da nossa vida habitual em que se dão os «escorregões» da precipitação, torna-se necessário criar o hábito de fazer pequenas paradas antes de iniciar qualquer tarefa ou atividade.

Não se trata já da «meditação» a que nos referíamos antes, e que supõe uma pausa maior. Trata-se de algo instantâneo, que reclama no máximo alguns segundos. Adquirido esse hábito, poupam-se muitos desgostos e arrependimentos na vida. Por não havermos pensado antes, muitas vezes teremos de arrepender-nos. Por havermos pensado, muito poucas vezes sentiremos remorso. Só isto já seria um bom motivo para nos animarmos a refletir antes de agir.

Como essa dificuldade de refletir pode dar-se em muitas situações diferentes e espalhadas ao longo do dia, é difícil tentar resolvê-las todas de uma só vez. Talvez seja melhor aplicar o adágio latino *divide et impera*: dividindo o adversário, dominamo-lo mais facilmente. Trata-se de escolher algum aspecto e começar a esforçar-se nesse ponto, como por exemplo refletir antes de reagir no trânsito. Depois de resolvido esse ponto, pode-se tentar ganhar o hábito de pensar antes de responder às pessoas que convivem conosco. Daí se salta para o mundo interior, procurando pensar antes de formular um juízo sobre alguém.

Essa conduta vai criando em nós algumas regras interiores, breves e concisas, que evitem os impulsos do sentimentalismo e sejam balizas para a nossa atuação. «Atravesse a rua na faixa»; «use o cinto na cidade»; «cuidado, alta tensão». Estamos acostumados a essas e outras recomendações que, longe de serem algo negativo, constituem um auxílio para evitar acidentes. Cada um de nós tem que ter os seus cartazes pessoais: «Levante-se na hora», «Não comece o trabalho sem fazer um plano», «Não repreenda enquanto estiver nervoso»... Distribuir esses cartazes pelo nosso dia não nos tornará pessoas obcecadas ou tensas. Antes pelo contrário, evitará tristes lágrimas depois.

Pode ser também de grande auxílio contra os ataques sentimentais a recordação de que Deus está próximo de nós. Assim consideraremos as coisas diante dEle e decidiremos auxiliados pela melhor ajuda possível:

«É uma questão de segundos... Pensa antes de começar qualquer trabalho: — Que quer Deus de mim neste assunto?

«E, com a graça divina, faze-o!»[20]

PEDIR CONSELHO

«Duas cabeças pensam melhor que uma»; especialmente quando se trata de algo nosso, porque, havendo envolvimento pessoal na questão, dificulta-se enormemente a objetividade na análise dos fatos e na proposta de soluções.

Quando o sentimento está muito vivo numa discussão familiar ou de trabalho, torna-se difícil equacionar o problema com serenidade. Ou há perplexidade e desorientação absolutas, ou só se vê o problema por um ângulo, e com uma única saída, como se fosse impossível qualquer outro caminho. É o momento então de recorrer a uma amizade, a alguém com reto critério e em quem tenhamos plena confiança, não só quanto à sua discrição sobre o assunto, mas principalmente com relação à sensatez das suas ideias e à correção do seu comportamento. Trocando ideias e pedindo conselho, veem-se as coisas por outros ângulos que haviam ficado esquecidos; o peso das nossas razões muda e a solução talvez esteja num caminho bastante diferente daquele a que nos impeliam os sentimentos.

Se em alguma ocasião a nossa vida ou os nossos ideais parecem vir abaixo, porque perdemos o entusiasmo, porque cometemos uma falha que parece não ter conserto, ou porque acabou a confiança em alguém que era o nosso apoio, é a hora de recorrermos ao auxílio de quem nos possa ajudar.

Para aqueles que têm fé, existe um meio formidável no cristianismo: a conversa com um sacerdote que nos possa ouvir e aconselhar, isto é, aquilo a que se chama *direção espiritual*. A escuridão interior que costuma envolver essas situações desfar-se-á quando, com essa ajuda, pudermos ver a mão de Deus por trás de todas as coisas.

Nesta, como em tantas circunstâncias da vida, sente-se como é verdadeiro o alerta da Sagrada Escritura: *Ai daquele que está só, porque, quando cair, não terá quem o levante* (Ecl 4, 10). E a pior solidão não é a daquele que desejaria encontrar um apoio e não o consegue, mas a daquele que se isola voluntariamente e não quer ouvir as sugestões vindas de fora. O que mais interessa nessas situações é o reconhecimento desapaixonado de que não se tem razão ou, pelo menos, não se tem *toda a razão*.

Uma alma que se apoia habitualmente nos bons conselhos, não só nos momentos de dificuldade, pode ser comparada a um barco que lançou âncora. Podem vir as vagas e os ventos dos sentimentos, que não se afundará nem será arrastada.

IDEAIS E PROPÓSITOS

A história da ciência está repleta de exemplos de experiências que só levaram a uma descoberta pela perseverança, teimosia e mesmo obstinação dos pesquisadores que as empreenderam. Thomas Edison, o inventor da lâmpada elétrica, perguntado sobre as suas supostas qualidades de homem inteligente e fora de série, replicava com a conhecida frase: «Genialidade? Tudo isso é questão de 1% de inspiração e 99% de transpiração». E as suas experiências foram uma confirmação desse famoso princípio de vida: o filamento de tungstênio, metal ideal para as lâmpadas de incandescência, só foi encontrado depois de experimentar cerca de duzentos materiais diferentes. A repetição de tantos testes só se explica porque o cientista tinha uma meta bem clara na cabeça e uma vontade firme de alcançá-la.

Quando um corredor de maratona sente os músculos cansados, a respiração ofegante e as forças parecendo exaurir-se, o que o impele a continuar na competição é a meta. O desejo de cruzar a linha de chegada, em primeiro lugar ou numa posição honrosa, reanima-o e renova-lhe as forças.

Todos nós necessitamos de metas. Quando a volubilidade dos sentimentos sussurra que «é melhor ficar por aqui mesmo», que «já está bom», ou que «não conseguiremos o objetivo», revitalizar o valor da meta pode fazer surgir novas energias na vontade, até então desconhecidas e inativas.

Narrando o trágico dia em que a bomba atômica caiu sobre a cidade de Nagasaki, o médico Paulo Nagaí, que lá vivia, lembrava-se de uma enfermeira de dezessete anos, que era gordinha e só a muito custo conseguia transportar os adultos nos treinos simulados de ataques. Quando a tragédia se deu realmente, e os feridos se contavam às centenas, ela «estava admirada de constatar quanto os adultos que transportava pesavam pouco. Agora que lidava com verdadeiros cadáveres e feridos, não experimentava medo algum. Era tão fácil...»[21] Com o objetivo real e presente de salvar vidas humanas, os sacrifícios que antes lhe pareciam insuportáveis tornaram-se perfeitamente compatíveis com as suas capacidades, ou, visto por outro ângulo, as suas capacidades dilataram-se para enfrentar as necessidades.

Um indivíduo sem ideais claros será necessariamente arrastado pelas correntezas turbulentas dos sentimentos. Quem desistiu de ter ideais deve resignar-se ao fracasso, à mediocridade, à vida vazia e sem relevo, porque, se a meta não for clara, os caminhos serão ainda mais confusos e não conduzirão a nada. Esses ideais podem ser de tipo familiar, de auxílio à sociedade com trabalhos sociais, ou de metas profissionais elevadas e altruístas, de exemplo de vida cristã no lugar onde se está.

Com esses ideais bem marcados à força de compreendê-los, de desejá-los e de pedir ajuda a Deus, ainda haverá altos e baixos — não nos enganemos —, mas sem esses ideais *só haverá altos e baixos*, inconstância e volubilidade.

Esses ideais situam-se num plano mais elevado, como convém às ideias-força e aos princípios de ação. Mas, logo abaixo, mais próximos da realidade diária e como desdobramentos dessas opções decisivas, estão os *propósitos*, decisões tomadas em momentos de lucidez e serenidade, para serem levadas à prática custe o que custar.

Quando sei que devo evitar tal companhia, ou que *todos os dias* preciso fazer um planejamento das minhas tarefas, ou que preciso ler diariamente um trecho do Evangelho e aplicá-lo à minha vida, sinta ou não vontade..., então isso deve ser vivido, mesmo que apareçam mil justificativas — todas falsas — para deixar de lado aquela decisão anterior maduramente refletida.

Nos locais onde o fornecimento de energia elétrica é instável, costuma-se utilizar um aparelho regulador de voltagem. Assim se evita que a variação da tensão estrague os aparelhos. As ondas dos sentimentos são essencialmente instáveis, e os *propósitos* que determinam «pequenas metas», como degraus para as «grandes metas» que se buscam, são um elemento estabilizador da vida. As realizações passam a estar atreladas a decisões serenas e duradouras, e não ao instável sobe-e-desce dos sentimentos. Mas esses propósitos, por pequenos que sejam, devem ser tomados e postos em prática como se fosse verdadeiros *fins da vida*, que é o que são no fundo.

Robustecer a vontade

Avivar o espírito de sacrifício: o dever

Que bom seria se todas as doenças tivessem como remédio um xarope colorido e adocicado! Mas as coisas não são assim; normalmente, os meios de cura são desagradáveis e dolorosos. Com o sentimentalismo, as coisas não se passam de outra forma. É preciso o remédio exigente do sacrifício pessoal, para que os sentimentos encontrem o seu justo equilíbrio.

Ao contrário do que muitos pensam, atuar diretamente contra o gosto não torna a vida triste nem cria traumas, antes traz a alegria de sentir-se com as rédeas da própria personalidade. Esta se forma na luta, e a luta supõe obstáculos, dificuldades, sacrifício. Se se tirasse ao tênis o obstáculo que é a rede, e se apagassem os limites que são as linhas demarcatórias da quadra, e se anulassem todas as regras do jogo, restaria algo muito fácil e simples, mas sem nenhum atrativo e sem o vigor do esporte. Assim acontece com a personalidade humana.

O domínio do sentimentalismo pede que, diante dos obstáculos que a vida nos apresenta ou daqueles que surgem quando nos propomos metas altas, nos esforcemos por superá-los com garbo e alegria. Fazer em primeiro lugar a tarefa mais ingrata, aquela que gostaríamos de deixar para depois e que acabaríamos «esquecendo», é uma forma de garantir que as outras sejam feitas, inclusive aquelas de que gostamos. Falar com quem não simpatizamos é uma forma de desenvolvermos a nossa simpatia e cordialidade, de garantir que trataremos bem a todos. Procurar cumprir as obrigações espirituais quando não sentimos vontade, com o mesmo empenho que poríamos se o desejo fosse grande, é uma forma de demonstrar que amamos a Deus.

E não se trata apenas de uma questão de generosidade. Em muitos casos, o sacrifício é uma *obrigação*. Dizia alguém que «sentimentalismo é traição em potencial». E entende-se que seja assim, pois quem foge sistematicamente do que custa e vai sempre atrás dos sentimentos, acabará por atraiçoar os seus deveres e compromissos quando se tornarem pesados ou árduos.

Não podemos empreender as metas arrastados apenas pelo ânimo passageiro dos sentimentos, como aquela pessoa que escrevia a São Josemaria Escrivá: «Passou-me o entusiasmo»... E ele respondia de forma clara: «— Tu não deves trabalhar por entusiasmo, mas por Amor; com consciência do dever, que é abnegação»[22].

Esta «consciência do dever» condensa-se em duas palavras simples, mas nem por isso menos heroicas: *Hoje, agora*. Não custa compreender que este lema, seguido à risca, não só imuniza contra a preguiça e a frivolidade, mas atinge de morte uma das raízes desses defeitos, que é justamente o sentimentalismo. O homem que se deixa levar pelos estados de ânimo e pelas impressões subjetivas de cada momento foge de qualquer compromisso ou deserta deles, torna-se indeciso e jamais poderá fazer nada de útil. Os seus planos, os seus projetos, as suas metas nunca terão sequência, e todas as suas ações apenas reunirão material ao Deus-dará, cascalho produzido pela sua inconstância emotiva. «Amanhã eu faço», dizia o cartaz no quarto de um estudante. Em contrapartida, ater-se ao dever de cada momento, sem questioná-lo depois de assumido, é fechar a porta aos devaneios da imaginação, às intuições fugazes, aos medos e pusilanimidades, às sensações de agrado ou desagrado, que são reações todas elas de fundo sentimental ou suas cúmplices.

Hoje, agora é hierarquizar as ocupações do ano, do mês, da semana, numa palavra, da vida em cada uma das suas fases, e por essa escala de prioridades organizar o dia e as horas. E depois respeitar essa ordem nas tarefas e nos compromissos, com uma vontade férrea que não se dobra aos gostos do momento. Não é verdade que nos consultamos com demasiada frequência sobre o que fazer, depois de já o termos decidido, e que, com igual frequência, essas consultas não se dirigem à reta razão, à consciência, ao sentido de responsabilidade, mas ao sentimento?

Um cristão deve ainda pensar que a ajuda de Deus não lhe foi prometida para ontem, que já passou, nem para amanhã, que não sabe se chegará para ele[23], mas para *hoje*. É o que se chama *graça atual*, que são os estímulos divinos para nos empenharmos com moral de vitória no dever do momento presente, que alguém já comparou a um sacramento. *Hoje estarás comigo no Paraíso* (Lc 23, 43), disse Cristo ao bom ladrão. O *hoje, agora* deve ser encarado como o último instante, o que traz a salvação.

O sacrifício que demanda fazer a cada momento o que se *deve* fazer ganha um alcance muito vasto quando se toma consciência de que, na ótica do cristianismo, pode ser *feito por*, isto é, pode ser realizado por amor a Deus e oferecido em benefício de outros. Que bonito sorriso mostrou uma senhora de mais de noventa anos, presa à cama por uma doença dolorosa, quando lhe falaram sobre o oferecimento do sacrifício! «Então quer dizer que eu não sou uma inútil? — dizia ela. Então quer dizer que eu ainda posso ajudar os outros oferecendo as minhas dores a Deus por eles? A dor que mais me doía, na realidade, era pensar que eu já não servia para nada, que era um peso inútil...»

Dar sentido à dor e ao sacrifício torna mais fácil aceitá-lo e confere mais energia para ir ao seu encontro. Quantos exemplos bonitos se poderiam enumerar de estudantes que abrem o livro da matéria que lhes produz repulsa, de crianças que comem a verdura que antes não suportavam, de médicos que vão visitar intencionalmente o paciente «reclamão» e desagradável, de professoras que se oferecem para lecionar na classe rebelde, tudo isso por um motivo de amor ao próximo e de amor a Deus! O sacrifício aceito com serenidade e por amor a Deus tem um enorme efeito terapêutico e uma eficácia inimaginável. Essa é uma verdade cristã que, infelizmente, continua desconhecida de muitos.

Por fim, um ótimo campo de sacrifício pessoal, de fortalecimento da vontade e domínio dos sentimentos é *acabar as coisas*. A instabilidade dos impulsos sentimentais tende a começar muitas coisas e a acabar poucas; por isso o «ponto final» no cumprimento das nossas tarefas e obrigações é sinônimo de sacrifício. Na luta contra a tendência a abandonar as coisas a meio-fazer irá forjando-se um caráter mais equilibrado e imune às alternâncias do sentimento.

Esquecimento próprio

Os sentimentos têm como centro de gravidade o *eu*. Em qualquer deles, é o *eu* quem sente: sente pena, sente raiva, sente alegria, sente ódio. Se o fundamental na vida forem os sentimentos, o *eu* aparecerá em grau superlativo e a vida se ressentirá de uma forte dose de egoísmo. Não esqueçamos que essa palavra tem como raiz o *ego*, o *eu*.

Assim, um remédio que indiscutivelmente se faz necessário é a desconcertante descoberta do *esquecimento próprio*. Desconcertante porque será realmente possível esquecer-se de si? Do ponto de vista puramente natural, a resposta é «não». O homem possui o instinto de sobrevivência e tem necessidade de cuidar-se, de preservar a sua vida e de procurar o que é bom para si. Mas, do ponto de vista cristão, a resposta é «sim». Esse é um dos postulados fundamentais do ensinamento de Jesus Cristo: *Quem quiser salvar a sua vida perdê-la-á, e quem perder a sua vida por mim achá-la-á* (Mt 16, 25).

Aquele que está absolutamente polarizado nas suas coisas tende a exagerar as dificuldades, a gastar um tempo enorme «protegendo» os seus interesses, a ficar «preocupadíssimo» com a menor coisa que lhe aconteça ou possa acontecer e que ponha em risco a sua saúde ou as suas coisas; tende a ficar neurótico e pessimista, pois sempre existe um risco associado à vida: «Viver é muito perigoso», dizia Guimarães Rosa. Em sentido inverso, aquele que pensa nos outros e quer compreendê-los e ajudá-los é feliz, porque não lhe sobra tempo para os problemas pessoais, reais ou inventados pela imaginação.

«Não és feliz, porque ficas ruminando tudo como se sempre fosses tu o centro: é que te dói o estômago, é que te cansas, é que te disseram isto ou aquilo...

«— Experimentaste pensar nEle e, por Ele, nos outros?»[24]

Contrariamente àquilo que tantos pregam: «Defenda o seu», «Pense em si mesmo», «Olhe para você», a verdadeira receita da alegria prega: «Esqueça-se dos seus problemas», «Olhe para os outros», «Volte o seu coração para Deus».

A alma sentimental, ou qualquer outra, empreende o caminho certo quando se dispõe a servir os outros, numa atitude discreta, sem buscar agradecimentos ou «retornos afetivos». Talvez pudéssemos tomar por modelo certa pessoa descrita por um dos nossos literatos, ao narrar as suas recordações da infância. Refere-se a uma senhora que ajudou a sua família quando se mudaram para outra cidade: «Uma dessas criaturas que não pedem, não desejam, aparecem quando são úteis e logo se somem, fogem aos agradecimentos, familiarizou-se conosco, tomou conta dos arranjos da instalação. Espanou, esfregou, arrumou as cadeiras pretas, os armários, os baús cobertos de sola.

Findos os trabalhos, ausentou-se. Até o nome dela se perdeu»[25].

Para quebrar o círculo vicioso do eu, importa cuidar particularmente de que os temas das nossas conversas não girem somente em torno de nós mesmos. Há pessoas que se parecem com aquele morcego que entrou na Basílica de São Pedro, voou para a escultura da *Pietà* de Michelangelo, emitiu o seu guincho e só ouviu o reflexo do seu som, sem ver nada. Triste seria que, perante a maravilha dos seres humanos que nos cercam, só conseguíssemos falar de nós próprios e ouvir-nos a nós mesmos*.

Servir-se dos sentimentos

Uma pessoa sem sentimentos não seria verdadeiramente humana, assim como

---

(*) Para todo este tema, merece ver-se o livro de Joseph Schrijvers, *O dom de si*, 3ª ed., Quadrante, São Paulo, 2023.

uma sociedade sem sentimentos não seria verdadeira sociedade. Todo o tipo de vinculação humana séria tem uma boa dose de sentimento. Os namoros, as amizades, o relacionamento familiar têm a sua base ou a sua origem nos sentimentos.

Os relacionamentos humanos em que os sentimentos estão completamente ausentes são sempre de tipo circunstancial e momentâneo, como a «amizade» fabricada na fila do banco ou na sala de espera do dentista.

Sem sentimentos, a convivência humana seria fria, como é fria a ata de uma reunião ou o relatório de uma experiência laboratorial. E a vida é bem diferente das atas e dos laboratórios, graças a Deus.

O mal, tanto para o indivíduo como para a sociedade, reside, como vimos, nos sentimentos desajustados e fora do controle da razão e da vontade. Mas, sendo, no entanto, forças poderosas, podemos usá-los a nosso favor, para que ajudem a inteligência nos seus atos e no conhecimento dos outros, e reforcem a vontade na sua aspiração para o bem pessoal e o bem do próximo.

No arsenal dos sentimentos, sempre podemos encontrar algum que ajude a controlar os que estão fora de órbita. *Similia similibus curantur*, é o adágio fundamental da homeopatia; um método de cura pelos semelhantes. Poderíamos aplicar esse adágio ao nosso tema, dizendo que os sentimentos podem ajudar na cura do sentimentalismo.

Neste sentido, muito mais fácil do que arrancar um sentimento mau, é orientá-lo para um lado bom. Aquele que sente as pontadas da *aversão* por uma pessoa injusta pode procurar transferir esse sentimento para a aversão ao ato injusto em si, e assim achar espaço para compreender e desculpar as intenções da pessoa. Quem *deseja* uma vida agradável e cômoda pode transformar esse desejo num propósito de trabalho sério para, com o fruto desse trabalho, alcançar o legítimo bem-estar para si e para a família e, pouco a pouco, chegar à satisfação pessoal pelas tarefas realizadas e pelo dever cumprido. A *indignação* contra os erros alheios ou da sociedade pode ser convertida em energia construtiva que leve a ter iniciativas para neutralizar o mal com abundância de bem. A extrema *sensibilidade* para os defeitos alheios, que denota em si um agudo espírito de observação, pode ser deslocada para o lado bom que pessoa alguma deixa de ter, e converter-se em instrumento habitual de fina caridade.

Esse esforço por mudar o sinal dos sentimentos maus, opondo-lhes sentimentos bons, é um exigente campo de luta pessoal, terreno propício para a construção das virtudes. Quantas vezes essas forças que se perdem nas dobras de um sentimentalismo quase adolescente se convertem em energia poderosa que perfila e fortifica o caráter! Quantos santos não passaram a ser modelo de virtudes precisamente nos pontos em que revelavam fendas na estrutura do seu modo de ser! São João, o jovem Apóstolo impulsivo e intransigente, convida-nos nas suas Epístolas a viver o mandamento do amor, e no seu Evangelho acentua a ternura do coração de Cristo quando, na Última Ceia, se despede dos seus amigos. São Pedro, de carácter instável e emotivo, será o paladino da fidelidade e da perseverança. São Paulo, o arrebatado defensor do rigorismo opressivo da Lei mosaica, deixar-nos-á um cântico à liberdade dos filhos de Deus.

O amor-sentimento

Mas, entre os sentimentos, há um que se destaca: o *amor*. Todos os demais afetos têm a sua fonte neste movimento original do coração do homem para o bem. Ocupa, portanto, o papel principal entre os sentimentos.

Ao longo das considerações anteriores, foi possível depreender que essa palavra — «amor» — hoje em dia tão banalizada, se não aviltada, se presta aos mais trágicos mal-entendidos e pode ser a porta aberta a todos os sentimentalismos. Amar, dizia São Tomás de Aquino, é querer o bem da pessoa amada, não o próprio, a não ser por consequência; querer o nosso bem numa relação de afeto não é amar, mas *desejar*, isto é, instrumentalizar o outro egocentricamente[26]. Amar significa, pois, substancialmente, um ato da vontade que se abre para o bem alheio.

Mas o ser humano não é puro espírito, para amar e ser amado apenas pelo exercício da vontade. Já vimos que, quando Deus diz: *Amarás o Senhor teu Deus de todo o teu coração, de toda a tua alma, de todo o teu espírito* (Mt 22, 37), não pede apenas que o amemos com o impulso radical da vontade, mas com todo o ser, isto é, com o coração também. Por isso se pôde dizer: «Para sermos divinos, temos de ser humanos»[27]. E isso aplica-se igualmente às relações entre os homens.

Este amor do coração é o que confere a todos os nossos atos um «toque» novo e diferencial: é uma *ternura* que envolve toda a atuação, a começar pelo cumprimento do dever: «O coração, de lado. Primeiro, o dever. — Mas, ao cumprires o dever, põe nesse cumprimento o coração, que é suavidade»[28].

Como se alcança? Amar não é apenas uma inclinação espontânea, que aparece quando aparece e desaparece quando desaparece, mas uma atração, um afeto que se cultiva, que se orienta, que se aprofunda pela meditação e pela aproximação: pela reflexão afetuosa e pela entrega magnânima, que supera até as relutâncias naturais e a resistência ao sacrifício, e dá impulso e equilíbrio à vida. Assim como é muito difícil mantermo-nos verticais numa bicicleta parada, ao passo que, andando a boa velocidade, se torna fácil, do mesmo modo o amor reto impulsionado pelo coração anda a bom ritmo e equilibra-se com muito mais facilidade.

Poderia, pois, ser esta a conclusão destas reflexões: que a vida inteira se vá desenvolvendo sobre a base sólida das *convicções* profundamente meditadas e assumidas, da perseverança no cumprimento dos *deveres* e *compromissos* com os homens e com Deus. E tudo isso acompanhado, matizado e impulsionado por uma *ternura do coração*, que é suavidade, simpatia, cordialidade, como um discreto perfume que se espalha pelos menores recantos da vida.

NOTAS

(1) S. Canals, *Reflexões espirituais*, Quadrante, São Paulo, 1988, pág. 101; (2) Cf. Charles Dickens, *David Copperfield*, Pongetti, Rio de Janeiro, 1957, pág. 7 e segs.; (3) Thomas Mann, *Os Buddenbrook*, Globo, Porto Alegre, 1942, pág. 167; (4) Shakespeare, *Como quiserdes*, Ato IV; (5) Shakespeare, *Trabalhos de amor perdidos*, I; (6) Josemaria Escrivá, *Caminho*, Quadrante, São Paulo, 2023, n. 3; (7) *Idem*, n. 858; (8) A. J. Cronin, *A cidadela*, José Olympio, Rio de Janeiro, 1939, pág. 268; (9) Jacques Leclercq, *A família*, Quadrante-Edusp, São Paulo, 1968, págs. 318-319; (10) Jacques Leclercq, *Diálogo do homem e de Deus*, Aster, Lisboa, 1965, pág. 178; (11) Josemaria Escrivá, *Amigos de Deus*, 4ª ed., Quadrante, São Paulo, 2023, n. 152; (12) J. H. Newman, *Apologia pro vita sua*, Paulinas, São Paulo, 1963, pág. 91; (13) Josemaria Escrivá, *Caminho*, n. 534; (14) Santa Teresa de Lisieux, *História de uma alma*, man. B, fol. 25; (15) Gandhi, *Palavras de paz*, Cidade Nova, São Paulo, pág. 15; cit. em *Pergunte e responderemos*, n. 347, abril de 1991, pág. 191; (16) *Pensamentos*, n. 347; (17) Jacques Leclercq, *Diálogo do homem e de Deus*, Aster, Lisboa, 1965, pág. 9; (18) Sófocles, *Ájax*; (19) Georges Bernanos, *Diário de um pároco de aldeia*; (20) Josemaria

Escrivá, *Caminho*, n. 778; (21) Paulo Nagaí, *Os sinos de Nagasaki*, Flamboyant, São Paulo, 1959, pág. 72; (22) Josemaria Escrivá, *Caminho*, n. 994; (23) *Idem*, n. 253; (24) Josemaria Escrivá, *Sulco*, Quadrante, São Paulo, 2023, n. 74; (25) Graciliano Ramos, *Infância*, José Olympio, Rio de Janeiro, 1953, pág. 55; (26) Cf. *Suma teológica*, II-II, 23, 1; (27) Josemaria Escrivá, cit. em Andrés Vázquez de Prada, *O Fundador do Opus Dei*, Quadrante, São Paulo, 1989, pág. 520; (28) Josemaria Escrivá, *Caminho*, n. 162.

Direção geral
Renata Ferlin Sugai

Direção editorial
Hugo Langone

Produção editorial
Juliana Amato
Gabriela Haeitmann
Ronaldo Vasconcelos

Capa
Provazi Design

Diagramação
Sérgio Ramalho

ESTE LIVRO ACABOU DE SE IMPRIMIR
A 27 DE NOVEMBRO DE 2023,
EM PAPEL OFFSET 75 g/m^2.